Impressum

Rezepte	Aus dem Krautland Merkendorf und weiteren Krautköchinnen
Herausgeber:	Luise Kressel-Ofzky, Ansbach
Text und Illustrationen:	Luise Kressel-Ofzky, Ansbach
Satz:	Martin Kressel
Druck:	Salinger Druck, Ansbach
Bindearbeiten:	Buchbinderei Grauf, Ansbach
Erhältlich bei:	Stadtverwaltung Merkendorf, Luise Kressel, Tel. 0981/62716 und in allen Buchhandlungen

1. Auflage, 1998

Merkendorfer
Krautkochbuch

Was man über Kraut und Sauerkraut und deren gesundheitlichen Wert wissen sollte

Luise Kressel-Ofzky

Inhaltsübersicht

Seite

Landkarte – das Gebiet um Merkendorf 7
Worte zum Geleit 8
Merkendorf, die Krautstadt 10
Warum Merkendorf die Krautstadt genannt wird 14
Sie waren nicht unterzukriegen 17
Marktbericht aus der Inflationszeit (1923) 18
Über die Heilkraft von Kraut und Sauerkraut 22
Inhaltsstoffe des Krautes 29
Merkendorfer Krautlied 30
Wo kommen unsere Krautrezepte her 32
Zu den Gewürzen und Kochzeiten 34
Hinweise zu den Rezepten 35
Herstellung des Sauerkrautes 82
Gedicht v. Ludwig Uhland (1787 - 1862) 84
Lob des Sauerkrautes – altes Volkslied um 1720 86
Die Kirchweih 87
Sei mir gegrüßt mein Sauerkraut
von Heinrich Heine (1797 - 1856) 141

Zu den Rezepten auf der nächsten Seite

Weißkrautgerichte 37- 80

Sauerkrautgerichte 88-110
Sauerkrautaufläufe 111-117
Salate 118-132
Suppen 133-140

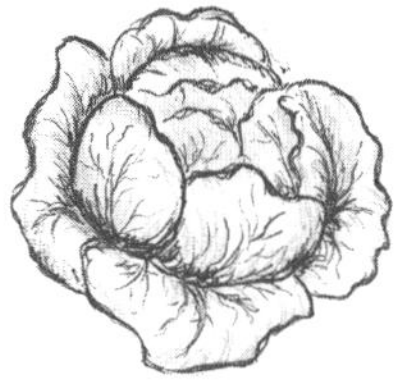

Rezepte

Bayrisch Kraut 37
Bayrisch Kraut aus Großmutters Kochbuch 38
Bayrisch Kraut (vario) 39
Bayrisch Kraut mit Fleisch 40
Häfeleskraut 41
Weißkraut mit Speck 42
Schlampert´s Kraut 43
Schnelle Delikatesse 43
Süßes Weißkraut 44
Kraut-Fleisch-Küchle 45
Jägerkraut einfache Art 46
Jägerkraut 47
Eine Delikatesse 48
Gemüsetopf mit Weißkraut 49
Fränkischer Eintopf 50
Weißkraut mit Fleischklößchen 51
Weißkrauttopf 52
Weißkrautschnitzel gefüllt 53
Weißkraut mit gekochten Rippchen 54
Gefülltes Weißkraut 55
Krautpudding 56
Schnelle Krautpfanne 57
Merkendorfer Krautkuchen 58
Weißkrauteintopf mit Rinderbrust 59
Krautklöße 60
Krautstrudel 61
Eingewickelte Bratwürste 62
Krautstrudel mit Speck 62
Krautstrudel mit Käse 63
Pichelsteiner 64
Krautwickel "Oma's Art" 65
Fränkischer Weißkrautbraten 66
Oma's Krautbraten 67
Krautbraten 68
Buntes Gemüse mit Weißkraut 69
Gebackenes Kraut mit Fleisch 70
Bunte Gemüsesulze 71
Gefüllte Kalbsbrust 72
Weißkraut mit Hammelfleisch 73
Weißkraut mit Käsesoße überbacken 74
Überbackenes Kraut 75
Krautrouladen mit Champignon-Reis-Füllung 76
Delikate Krautrouladen 77
Krautwickel im Pilzragout 78
Krautwickel mit Champignon 79
Krautwickel mit Nußfülle 80
Die Herstellung des Sauerkrautes 82
Katerfrühstück 88
Sauerkraut fränkisch 89
Weinsauerkraut ohne Fleisch 90
Fränkische Schlachtplatte 91
Ananaskraut mit Wein 92
Sauerkraut "Hawaii" 93
Krautspätzle 94
Krautwickel im Sauerkrautbett 95

Sauerkrautsemmel ... 96
Ente mit Sauerkrautfüllung ... 97
Sauerkrautpizza ... 98
Belag für unsere Sauerkrautpizza ... 99
Sauerkrautknödel ... 100
Fränkische Krautkrapfen ... 101
Kraut für viele Gäste ... 102
Sauerkrautkuchen ... 103
Pizzasemmeln mit Sauerkraut ... 104
Sauerkrautroulade ... 105
Szegediner Gulasch ... 106
Sauerkrautgulasch ... 107
Sauerkraut mit gekochten Rippchen ... 108
Sauerkraut-Backes ... 109
Sauerkrauttorte ... 110
Aufläufe ... 111
Einfacher Krautauflauf ... 112
Sauerkrautauflauf ... 113
Sauerkraut-Gemüse-Auflauf ... 114
Sauerkrautauflauf "Delikat" ... 115
Sauerkrautauflauf mit Rosinen ... 116
Sauerkrautauflauf mit Hackfleisch ... 117
Weißkrautsalate ... 118
Roher Krautsalat ... 119
Krautsalat mit Sellerie ... 119
Weißkrautsalat mit Speck ... 120
Weißkrautsalat mit Peperoni ... 121
Weißkrautsalat mit Weintrauben ... 121
Rosa's roher Krautsalat ... 122
Gekochter Krautsalat ... 122
Party-Krautsalat ... 123
Krautsalat mit Orangen ... 124
Bunter Salatteller ... 125
Bunter Krautsalat ... 126
Krautsalat mit Maiskörnern ... 127
Sauerkrautsalate ... 128
Einfacher Sauerkrautsalat ... 128
Sauerkraut-Wurstsalat ... 129
Sauerkrautsalat mit Gewürzgurken ... 129
Sauerkrautsalat mit Preiselbeeren ... 130
Sauerkrautsalat mit Roten Rüben ... 131
Sauerkrautsalat mit Knoblauch ... 132
Fruchtiger Sauerkrautsalat ... 132
Weißkrautsuppe mit Fleisch ... 133
Schnelle Sauerkrautsuppe ... 134
Gehaltvolle Krautsuppe mit Rindfleisch ... 135
Weißkrautsuppe mit Geflügel ... 136
Fränkische Krautsuppe mit Speck ... 137
Sauerkraut Bohnensuppe ... 138
Sauerkrautsuppe mit Knoblauch ... 139
Rote Sauerkrautsuppe mit Paprika ... 140
Dank ... 142
Ich über mich ... 143

Das Gebiet um Merkendorf

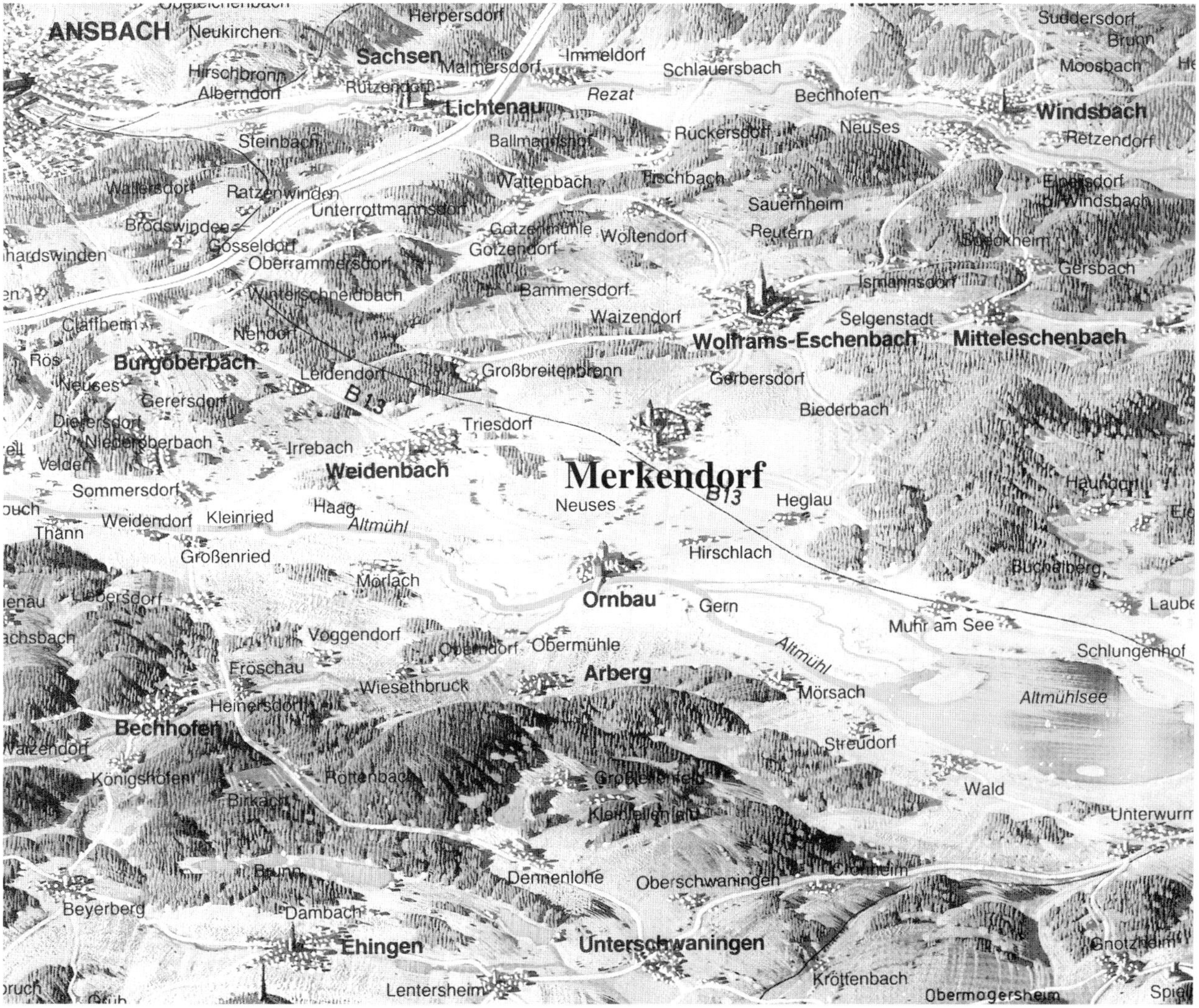

Worte zum Geleit

Sehr geehrte Leserin,
sehr geehrter Leser,

ich beglückwünsche Sie zum Kauf des Merkendorfer Krautkochbuches.

Gerade in einer Zeit, in der das Bewußtsein der Menschen für gesunde und natürliche Ernährung wieder stark zugenommen hat, ist dieses Buch erschienen.

Das Anbauen von Kraut auf dem dazu geeigneten Ackerland in unserem Raum hat den Bürgern in früheren Zeiten zum wirtschaftlichen Wohlstand verholfen. Wenn auch jetzt, bedingt durch den hohen Arbeitsaufwand, in unserem Bereich weniger Flächen mit Kraut bestellt werden, so steigt doch der Krautverzehr langsam wieder an.

Die Herausgabe dieses Krautkochbuches begrüße ich sehr. Nicht nur, um ein Stück Nostalgie wieder aufleben zu lassen, sondern auch deshalb, weil ich persönlich in den 60er Jahren noch selbst Kraut mit dem Schlepperfuhrwerk ausgefahren habe. Die Käufer, auch Landwirte, haben dieses dann selbst eingehobelt, also zu Sauerkraut verarbeitet. In meiner Jugendzeit gab es zwei- bis dreimal in der Woche Kraut. Je öfter es aufgewärmt wurde, desto besser hat es geschmeckt. Natürlich mit den entsprechenden Beilagen.

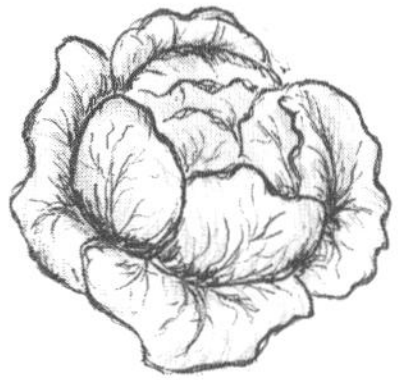

Die Stadt Merkendorf wird seit alters her die "Krautstadt" genannt. Der von der Künstlerin Luise Kressel-Ofzky aus Ansbach geschaffene Krautbrunnen soll in Gegenwart und Zukunft an die große Tradition des Krautanbaus in unserer Stadt erinnern. Gleichzeitig ist er eine Bereicherung des Marktplatzes vor dem historischen Rathaus.

Frau Kressel-Ofzky hat mit großem persönlichen Einsatz, zusammen mit ihrer Familie und der Unterstützung von Mitbürgerinnen und Mitbürgern, die mit dem Krautanbau und mit dem Krautkochen vertraut sind, dieses Krautkochbuch entwickelt und geschaffen. Ihr gebührt mein ganz herzlicher Dank.

Dem Buch wünsche ich eine gute Verbreitung und viele aufgeschlossene Leser. Den Menschen, die motiviert durch das Krautkochbuch, ihrer Gesundheit zuliebe, wieder mehr Krautgerichte – ob roh oder gekocht – verzehren, eine gute, lange und vor allen Dingen gesunde Zukunft.

Karl Huber

1. Bürgermeister

Merkendorf, die Krautstadt

im fränkischen Seenland

hat ihrer Krauttradition mit dem Krautbrunnen vor dem schönen Rathaus ein sinnvolles Denkmal gesetzt. Die Gestaltung dieses Brunnens war für mich eine interessante und schöne Aufgabe. Seither fühle ich mich diesem romantischen Städchen sehr verbunden.

Bei der Errichtung dieses Brunnens war einer meiner Gedanken, daß auch die alten Rezepte und das Wissen um das Kraut – in einem Buch zusammengefaßt – erhalten werden sollten. Der Gedanke wurde damals auch ausgesprochen, diskutiert und für gut befunden. Dabei blieb es dann auch – vorläufig.

In mir wuchs jedoch eine Leidenschaft für das Kraut. Jedes Rezept, das mir in die Hände kam, wurde ausprobiert. Viele Gespräche brachten Neues, Interessantes über das Kraut.

Ich stöberte in Bibliotheken und begann, so ganz nebenbei, alles Wissenswerte zu sammeln, zu registrieren und zu ordnen. Bei gelegentlichen Zusammentreffen mit 1. Bürgermeister Herrn Karl Huber kam zwar immer wieder das Gespräch auf das Krautkochbuch, die Zeit war dafür aber noch nicht reif. Nun steht die 600-Jahr-Feier der Stadterhebung an und der richtige Zeitpunkt für dieses Krautkochbuch ist damit gekommen.

Vieles hatte ich schon griffbereit. Was mir noch fehlte waren die echten, alten Hausrezepte, die es mir besonders angetan haben und die ich noch immer für die besten halte.

Diese Rezepte, nach denen schon die Mütter und Großmütter gekocht haben und die typisch für unsere Region sind, wollte ich finden. Nach einem Aufruf in der örtlichen Presse kam viel Altes, Überliefertes zusammen. Bei der Vielzahl der Zusendungen war es schwer, die richtige Auswahl zu treffen. Ich darf an dieser Stelle allen Krautköchinnen für die Überlassung ihrer Hausrezepte und Einblicke in zum Teil schon sehr alte Kochbücher auf das herzlichste danken. Überrascht hat mich auch das Interesse vieler junger Hausfrauen an meiner Arbeit und am Kraut überhaupt.

Es ist noch nicht allzu lange her, da geriet der Wert unseres Krautes fast in Vergessenheit. Durch das Überangebot an frischem Gemüse und ausländischen Produkten, auch im Winter, wurde unser Kraut fast vom Markt verdrängt.

Heute denkt man wieder mehr darüber nach und überlegt, was unserer Gesundheit dienlich ist und auf unserem heimischen Boden Gesundes heranwächst. Vielleicht kann dieses Büchlein einen Beitrag dazu leisten, sich noch mehr auf unsere hiesigen Erzeugnisse und deren Wert zu besinnen.

Wenn mir das gelingt, ist der Sinn dieses Buches erreicht. Ich bin fast sicher, daß bei Ihnen künftig öfter als bisher, Krautgerichte auf dem Tisch stehen werden. Bestimmt läuft Ihnen schon beim Lesen der Rezepte das Wasser im Munde zusammen. Wenn Sie sich dann noch mit etwas Phantasie den guten Duft dazu vorstellen, bleibt mir nur noch

»Guten Appetit«

zu wünschen.

Luise Kressel

1998
600 Jahre
Stadt Merkendorf

Warum Merkendorf die Krautstadt genannt wird

Das kleine, liebenswerte Städtchen Merkendorf hat seinen Beinamen "Krautstadt" hart und ehrlich durch Fleiß und der Hände Arbeit verdient. Von hier aus dehnte sich einst der Krautanbau auf das Umland aus.

Schon vor dem 30 jährigen Krieg soll in dieser Gegend Kraut angebaut worden sein. Wenn man aber bedenkt, daß nach dieser schrecklichen Zeit in Merkendorf, wie überliefert, gerade noch 32 Menschen übrig geblieben sind und davon noch 14 Invalide oder Kranke waren, dann kann man eigentlich erst hier beginnen, vom Krautanbau und der Leistung dieser Menschen zu berichten.

Die Befestigungsmauer mit ihren acht Türmen rund um die Altstadt, die nur durch drei alte Tore zu erreichen ist, könnte Geschichte erzählen. Doch darüber und über noch viel mehr Interessantes gibt es ein sehr gut geschriebenes und wirklich lesenswertes Heimatbuch.

Heute liegt die Krautstadt Merkendorf, durch den neugeschaffenen Altmühlsee und den Brombachsee, im Bereich des Fränkischen Seenlandes und wird, vor allem in den Sommermonaten, von unzähligen Urlaubern und Touristen besucht. Diese stehen dann auf dem Marktplatz vor dem historischen Rathaus und dem einmaligen Krautbrunnen und fragen sich, was dieser wohl zu bedeuten hat. Ja, der Krautanbau war einst eine der wichtigsten Einnahmequellen der Merkendorfer Bauern und der des Umlandes.

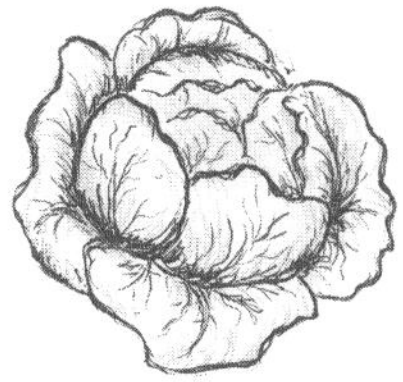

Jeder bäuerliche Betrieb baute erst einmal für den Eigenbedarf größere Mengen Kraut an. Ein Teil wurde zu Sauerkraut für den Winter eingestampft, ein Teil in den Kellern gelagert. Jeder Bauer hatte aber auch seine privaten Abnehmer, die er belieferte. So wurde der Anbau ständig erweitert. Kraut war in früheren Zeiten, neben den Kartoffeln eigentlich das einzige, wirklich vitaminreiche Nahrungsmittel, das man sich leisten konnte und das auch reichlich zur Verfügung stand. In den Wintermonaten gab es sonst kaum Frisches. Für uns heute nicht vorstellbar, wenn man mitten im tiefsten Winter die vollen Regale in den Supermärkten mit all den Südfrüchten und dem Gemüse sieht. Ganz großes Glück hatten die Krautbauern, daß der Markgraf zu Ansbach Kraut über alles schätzte und zu essen beliebte. Es war vom Speiseplan des Hofes nicht wegzudenken, sei es als Bayrisch Kraut, Sauerkraut oder eines der anderen, vielseitigen Zubereitungsarten. Es paßte auch bestens zu Wildgerichten, die es am Hofe ja vorzugsweise gab. Der Markgraf wußte auch damals schon um den gesundheitlichen Wert des Krautes und daß der Mensch solches unbedingt braucht, wenn er lange leben und gesund bleiben will – und das wollte er!

Kurz und gut, die Merkendorfer durften die Residenz zu Ansbach und den Sommersitz in Triesdorf beliefern. Sie waren mächtig stolz, die Hoflieferanten zu sein. Die Merkendorfer Krautbauern hatten sich somit damals schon eine regelrechte Direktvermarktung aufgebaut. Es stellte sich dadurch ein gewisser Wohlstand ein und sie waren angesehene Bürger.

Sie waren aber auch ein wirklich einmalig fleißiges Völkchen. Wenn man bedenkt, wieviel Arbeit und Mühe so ein Krautskopf macht, bis er zu seiner vollen Größe herangewachsen ist, muß man vor dem Fleiß dieser Bauern Respekt haben.

Schon in der Aufzucht der Pflänzchen, was meist die Arbeit der Bäuerin war, lag der Erfolg des ganzen Jahres. Das Verpflanzen auf die Felder war reine Handarbeit. Dann kam das Angießen, Hacken und Unkrautfreihalten der Äcker.Auch das mußte alles von Hand getan werden und es erforderte den Einsatz der ganzen Familie. Die Ernte war damals, wie auch heute noch, nur von Hand zu bewältigen. Die Krautbauern in und um Merkendorf waren angesehene Bauern und sie glaubten, ihr Wohlstand sei ihnen auch weiterhin sicher, vor allem durch ihren Abnehmer, die Residenz zu Ansbach. - So dachten sie - aber ein altes Sprichwort sagt: "Der Mensch denkt und Gott lenkt". Hier müßte das Sprichwort umgeschrieben werden. Es könnte heißen: "Der Mensch denkt, aber die Liebe lenkt".

Der letzte Markgraf, Carl Alexander, verliebte sich in Lady Craven, entsagte 1791 dem Thron, um mit seiner großen Liebe fortan in England zu leben. Sein ganzer Besitz ging an Preußen und auch die Merkendorfer Krautbauern wurden über Nacht Preußen. Nun hatten unsere fleißigen Bauern Kraut in Hülle und Fülle, aber der große Abnehmer, dieResidenz zu Ansbach, fehlte. Sie versuchten natürlich, so viel als möglich an den Mann bzw. die Frau zu bringen. Sie mußten ihr Kraut mit den Pferde- oder Kuhfuhrwerken bis nach Gunzenhausen, Ansbach, Weißenburg, Georgensgmünd, ja bis nach Nürnberg und Crailsheim transportieren. Es waren Tagesreisen über holprige Straßen und der Verdienst war dementsprechend gering. Die gute Zeit war dahin, der Wohlstand war Vergangenheit.

Der gute Ruf aber, den sich die Merkendorfer Krautbauern durch viel Fleiß erworben hatten und der Name "Krautstadt" blieb ihnen bis heute erhalten und sie können mit Recht stolz darauf sein.

An diese Zeiten und den Fleiß aller Bauern
soll der Krautbrunnen vor dem Rathaus
und die Abbildungen auf dem Einband unseres
Buches erinnern!

Sie waren nicht unterzukriegen, diese Merkendorfer Krautbauern

Sie bauten weiter ihr Kraut an, scheuten weder Müh´ noch Arbeit und verkauften ihr Kraut überall hin, wo es nur irgendwie ging. Sie belieferten weiter regelmäßig ihre Kunden in den vorher genannten Orten und es ging wieder stetig aufwärts. Die Anbaugebiete wurden erweitert.

Im 1. Weltkrieg war das Sauerkraut für die Verpflegung der Soldaten unentbehrlich. Auch die Bevölkerung war, wie immer in schlechten Zeiten, sehr auf das Kraut angewiesen. Auch in der Zeit nach dem Krieg, in der es viele Arbeitslose und viele arme Familien gab, war der Bedarf an Kraut, dem preiswerten und gesunden Nahrungsmittel, sehr groß.

Das nächste einschneidende Ereignis ließ aber wieder nicht lange auf sich warten. Es kam die Inflation, die 1923 ihren Höhepunkt erreichte.

Auch Kraut wurde damals in Millionen- und Milliarden-Beträgen gehandelt. Den Bauern blieb kaum ein Lohn für ihre Arbeit. Die rasende Inflation fraß alle Gewinne auf.

Den Marktberichten der "Fränkischen Zeitung" von damals kann man dies genau entnehmen. So kostete z.B. in Ansbach am Wochenmarkt 1 Pfund Weißkraut:

am

12.09.1923	300.000,-- Mark
20.09.1923	500.000 - 600.000,-- Mark
03.10.1923	2 Millionen
18.10.1923	15-20 Millionen
25.10.1923	100-200 Millionen
31.10.1923	300 Millionen
08.11.1923	600 Millionen
22.11.1923	5-12 Milliarden
29.11.1923	25 Milliarden
06.12.1923	30 Milliarden
13.12.1923	50 Milliarden
20.12.1923	60 Milliarden

Blaukraut kostete sogar 300 Milliarden Mark!
1 Ei kostete z.B. 320 Milliarden; 1 kg Kartoffeln 90 Milliarden
und 1 Pfund Butter 2800 Milliarden Mark.

Das Jahr 1924 brachte dann mit der Einführung der Reichsmark die Normalität zurück. 1928 wurde eine Krautvermarktungsgenossenschaft gegründet. Im darauffolgenden Jahr wurde am nahen Bahnhof Triesdorf eine Kohlscheune, ein großes Lagerhaus für das Kraut, errichtet. Später entstand dort eine weithin bekannte Sauerkrautfabrik. Die Vermarktung florierte. Aus einem weiteren Zeitungsbericht kann man entnehmen, daß bei einem der Krautmärkte, z.B. in Gunzenhausen, die wie immer mit den üblichen Wochenmarkttagen abgehalten wurden, 400 - 800 Zentner Kraut zur Vermarktung kamen.

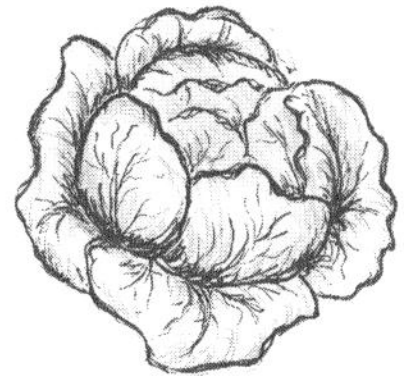

Die Krautfuhrwerke waren links und rechts am Gehsteig zur Marktstraße hin aufgestellt, einer parallel zum anderen. Der Verkauf ging ziemlich schnell vonstatten. Verkauft wurde damals nicht immer nach Gewicht, sondern, insbesondere bei Großabnehmern, nach Köpfen. Beim "Zuschocken" (Zuwerfen) wurden die Köpfe gezählt und danach der Preis gemacht. Bei Großabnehmern ging das oft gleich in die Hunderte. Käufer waren neben den Stadtbewohnern auch Landleute der umliegenden Gegend, die selbst kein Kraut anbauten. Selbstverständlich gab es auch Jahre mit Mißernten. Es war nicht immer Bilderbuchwetter. Fehlte der Regen, blieben die Köpfe klein und es kam dann schon vor, daß statt 10-12 Köpfe für einen Zentner 20-30 Stück erforderlich waren.

In Folge des Krauttransportes mit Lastwägen und Eisenbahn gingen diese taditionellen Krautmärkte zurück. Es war ein ständiges Auf und Nieder und einer guten Zeit folgte bald wieder eine schlechte.

Im 2. Weltkrieg war das Kraut natürlich hoch begehrt. Ich glaube, man kann gar nicht abschätzen, wievielen Menschen es in dieser Notzeit half, den Hunger zu stillen. Was die Bäuerinnen, die alten Menschen und auch die heranwachsenden Kinder damals an Feldarbeit geleistet haben, verdient heute noch größte Hochachtung. Mir wurde erzählt, daß der knappe Krautsamen genau berechnet und grammweise abgegeben wurde, so daß er reichte, jedes Stück Land zu bebauen. Kein Krautacker lag brach, obwohl fast alle arbeitsfähigen Männer im Krieg waren. Viele davon kamen nicht wieder oder krank zurück. Was diese Heimkehrer vorfanden, darf an dieser Stelle erwähnt werden. Kurz vor Kriegsende, im April 45, als der Krieg eigentlich schon verloren war, mußte Merkendorf auf höchsten Befehl durch SS-Einheiten verteidigt werden. Es gab erbitterte Kämpfe um Merkendorf und das schöne Städtchen wurde schwer zerstört.

Die Bürger bauten wieder auf, und zwar so gekonnt, daß es seine alte Romantik fast voll zurückerhalten hat.

Übrigens, die amerikanischen Soldaten der damaligen Besatzungsmacht erkoren Sauerkraut sehr schnell zu ihrem Leibgericht. Fragte man z.B. einen Amerikaner, ob er schon deutsch sprechen könne, und was, dann kam meist, wie aus der Pistole geschossen: "Oh-yes, Souwerkwrout."Sauerkraut ist sehr schwer auszusprechen, deshalb gab es viel Gelächter darüber. Bratwurst sprach sich dagegen leichter aus. Ein Gastwirt berichtete mir, daß er viele amerikanische Soldaten als Gäste hatte, die regelmäßig Sauerkraut und Bratwürste bei ihm aßen.

Für ihr gutes Sauerkraut und ihre Bratwürste sind die Gastwirte im Merkendorfer Gebiet weit und breit bekannt. Es muß wohl etwas Wahres daran sein, daß das Kraut aus dieser Gegend besonders gut schmeckt. Ein alter Krautbauer erklärte mir, daß dies nicht nur dem idealen Boden zu verdanken ist, sondern daß der Morgennebel der Altmühl und der Tau im Herbst dem Kraut erst noch den richtigen Schub an Kraft und Masse gibt. Diese Stärke kann man spüren. Schneiden Sie einmal einen festen Krautskopf mit einem großen Messer mitten durch. Es knirscht und kracht und man spürt so richtig die geballte Kraft, die in ihm steckt.

Es ist schade, daß nicht nur wegen geringerer Nachfrage, sondern auch durch teilweise, Umstellung der Landwirtschaft auf andere, weniger zeitaufwendige Produktionszweig der Krautanbau in letzter Zeit zurückging. Der Erfindergeist unserer Krautbauern in

bezug auf maschinelles Säen, Pflanzen, usw. läßt aber hoffen, daß auch hier eine Wende eintritt und der Krautanbau mit der Zeit erleichtert und wieder lieber betrieben wird. Kraut wird wieder gebraucht und man möchte es gerne dort kaufen, wo man es wachsen sieht. Das Merkendorfer Krautland liegt nicht nur in einer traumhaft schönen Gegend, sondern auch in einem Gebiet, dessen Luft und Boden noch wenig von Industrie- und Autoabgasen belastet ist. Die neugeschaffenen Seen verbessern zusätzlich das Klima und es wirtschaften hier umweltbewußte Landwirte. Das alles kommt nicht nur unserem Kraut, sondern vor allem den "Krautessern" zugute.

Was Sie wissen sollten

Kraut braucht kein chemisches Unkrautbekämpfungsmittel!

Kraut ist eine Hackfrucht. Sie muß mindestens 3 x in der Wachstumsphase gehackt werden und zwar nicht nur die Ackerfurchen, sondern auch zwischen den einzelnen Pflanzen. Dadurch wird der Boden gelockert und belüftet. Dies braucht die Krautpflanze unbedingt, um wachsen zu können. Der große Vorteil ist, daß dabei das Unkraut freigelegt wird und vertrocknet. Es ist vernichtet - ohne Chemie!

Über die Heilkraft von Kraut und Sauerkraut aus längst vergangener Zeit bis heute.

Es wird angenommen, daß unser Kraut zu den wenigen Kulturpflanzen gerechnet werden kann, die in Europa ihre Heimat haben.

Im Laufe vieler Jahre entwickelte es sich zu einem echten Volksnahrungs-, aber auch zu einem bedeutenden Volksheilmittel, zeitweise zum bedeutendsten überhaupt. In einer Zeit, in der es noch keine chemischen Arzneimittel gab, waren die Menschen darauf angewiesen, sich in der Natur Hilfe zu suchen. Der Mensch war schon zu allen Zeiten erfinderisch, erprobte und experimentierte gerne und so wird er wohl auch auf die wunderbare Heilkraft des Krautes gekommen sein.

Alle Naturvölker auf unserer Erde machten ihre eigenen Erfahrungen, und vieles daraus wird von der heutigen Wissenschaft erforscht und zum Teil auch übernommen. Ohne die Kenntnis über die Heilkraft der Pflanzen wäre unsere moderne Medizin heute mit Sicherheit nicht so weit entwickelt. Es ist ein Segen, daß sich das Wissen und die Kenntnis über die Heilanwendung des Krautes bis in unsere Zeit herüber gerettet haben. Alle Generationen vor uns waren nicht in der glücklichen Lage wie wir heute. Wir finden medizinische Hilfe für fast alle Gesundheitsprobleme nach dem neuesten Stand der Wissenschaft, ohne uns selbst viel damit befassen zu müssen. Dafür wollen wir dankbar sein, aber das Althergebrachte sollten wir dabei nicht vergessen.

Die Literatur, die es über alte Heilmethoden gibt, ist so vielseitig und interessant. Es lohnt sich, sich damit zu befassen.

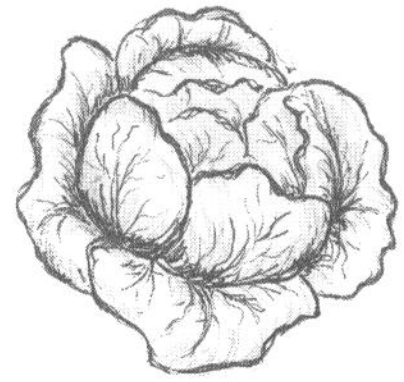

Es würde zu weit führen und den Rahmen unseres Buches sprengen, wollte ich hier über alles berichten, was an Wissenswertem über Kraut und Sauerkraut und deren Heilkraft überliefert, neu erkundet, erforscht und geschrieben steht.

Dennoch – ein Blick zurück:

Wie lange Kraut als Nahrungsmittel schon Verwendung findet, ist nicht festzustellen. Der griechische Arzt Hippokrates erwähnte jedoch im 4. Jahrhundert v. Chr. schon das Sauerkraut. Wer das Sauerkraut erfunden hat, wem es gelang, Kraut durch den Gärungsprozeß haltbar zu machen, weiß man nicht. In manchen Berichten wird es den Chinesen, in anderen den Tartaren zugeordnet. Egal, wo es herkommt und wer es erfand – es war eine geniale Erfindung. Hauptsache, es gibt das Sauerkraut und wir können es uns heute zunutze machen. Man weiß, daß der Wert des Krautes auch bei den Römern um 200 v. Chr. sehr bekannt war. Es sind ausführliche Beschreibungen der Zubereitungsart des Kohls als Nahrungsmittel und auch über Heilbehandlungen überliefert.

Über 6 Jahrhunderte hinweg, so wird berichtet, war Kraut nicht nur Volksnahrungsmittel der Römer, sondern auch ihr Volksheilmittel. Sie schienen Kraut zum Hüter ihrer Gesundheit erkoren zu haben. Sie kannten kaum ein anderes Heilmittel und wußten es deshalb auch zu benutzen und richtig anzuwenden. Es wurde damals schon auf schmerzende Stellen aufgelegt, was, wie man weiß, auch heute noch praktiziert wird. Es wurde zur inneren Reinigung und zur äußeren Heilung verwendet und gegen alle möglichen Krankeiten in vielseitiger Form angewandt. Danach geriet die Wissenschaft über die Heilwirkungen des Krautes für längere Zeit mehr oder weniger in Vergessenheit.

Erst Gaius Plinius Secundus (23 - 79 n. Chr.) berichtet wieder in seinen Schriften über Kraut bzw. Kohl als Lebens- und Naturheilmittel. Vor etwa 300 Jahren blühte die Krautheilkunde wieder richtig auf. Sie fand den Aufzeichnungen zufolge seither vielseitigste Anwendung. Man kann von fast unglaublichen Heilerfolgen lesen.

An dieser Stelle wollen wir auch kurz an die Probleme Captain James Cooks (1728-1779) erinnern. Auf langen Schiffsreisen erkrankten viele seiner Seeleute an Skorbut und er hatte auch Tote zu beklagen. Grund war die einseitige Ernährung, der, wie man heute weiß, wichtige Bestandteile, wie Vitamine und Mineralien usw. fehlten. Auf Befehl der englischen Admiralität mußte er dann auf seine großen Schiffsreisen tonnenweise Sauerkraut mitnehmen. Pro Kopf der Besatzung gab es pro Mahlzeit, und das mindestens 2-3 mal wöchentlich, 1 Pfund Sauerkraut.

Damit war diese Krankheit besiegt. Interessant dürfte sein, daß die Anregung, Sauerkraut mit auf See zu nehmen, von einem Deutschen, dem Kupferschmied Heinrich Zimmermann aus Wiesloch kam. Er war es auch, der dem Schiffskoch wertvolle Tips über die schmackhafte Zubereitung des Sauerkrautes gab.

Mag mancher Leser bisher Berichtetes vielleicht anzweifeln, so muß man Überlieferungen aus jüngerer Zeit wohl Beachtung und Glaubwürdigkeit schenken.

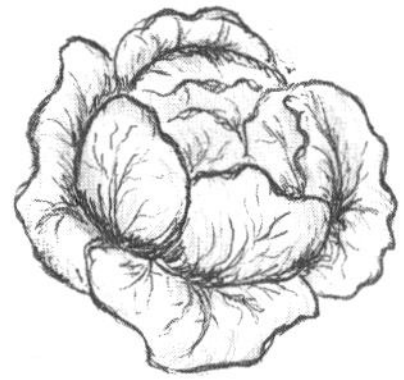

Ein Zitat: **"Kraut ist Gold wert"**, stammt von keinem Geringeren, als von Pfarrer Sebastian Kneipp (1821-1897), der auch von der heutigen Wissenschaft nicht abgelehnt wird. Ihn dürfen wir an dieser Stelle auf keinen Fall vergessen. Er fährt fort: "Nichts wirkt mehr ausleitend, reinigend und dabei nährend, wie das liebe Kraut. – Ich meine das Sauerkraut. Freilich setze ich voraus, daß es nach meiner Methode eingemacht und zubereitet wird". Er heilte natürlich nicht nur mit Sauerkraut, sondern wußte auch, das frische Kraut einzusetzen. Man weiß, daß Pfarrer Kneipp mit seinen Krautanwendungen großartige Heilerfolge erzielt hat.

Das alles ist noch gar nicht so lange her. Vieles vorher Geschilderte, aus länger vergangener Zeit, scheint sich zu wiederholen. Einiges aus seinen Büchern darf dennoch erwähnt werden. Er schreibt, daß schon das grüne Blatt des Kohls, auf die schmerzende Stelle gelegt, ein bewährtes Mittel gegen Kopfweh ist. Er empfiehlt für Kinder, welche sehr verkümmert und armselig sind, Sauerkraut, klein geschnitten, vermischt mit Kartoffeln, als bestes Nähr- und Kräftigungsmittel. Ebenso als unterstützend zur Blutbildung. Über Heilerfolge bei Brand- und Schnittwunden, Quetschungen, Entzündungen, Geschwüren, beim Biß giftiger Insekten und vielem, vielem mehr kann man nachlesen.

Er verrät uns auch sein Lieblingsgericht. Er fragt: "Kennt Ihr die Krautnudeln? Hört Leute, das ist ein ausgezeichnetes und gesundes Gericht. Dann dürft ihr schon lieber 2 als 1 Portion essen. Ich ziehe es allen anderen Speisen vor", und er verrät uns auch noch, wie sie gemacht werden:"Kraut wird fein geschnitten und in den Nudelteig eingeknetet, daraus werden die Nudeln gemacht, zuerst gekocht und dann mit Eiern geröstet".

Kraut bzw. Krautwasser bezeichnet Pfarrer Kneipp als ein außerordentliches Reinigungsmittel. Er sagt: es räumt aus und beseitigt alles, was nicht hinein gehört".

Mehr über Pfarrer Kneipp zu schreiben ist eigentlich überflüssig. Die meisten kennen seine Bücher. Jeder weiß – wer nach Pfarrer Kneipp lebt, lebt richtig und gesund.

Der französische Arzt Dr. Blanc von der Faculté de Paris, ein Zeitgenosse unseres Pfarrer Kneipp, machte 1851 seine ersten Erfahrungen in der Behandlung mit Kohl. 30 Jahre später erschien sein beachtenswertes Werk, in dem er ausführlich über die Anwendungsmöglichkeiten und seine Erfolge berichtet. Der Schweizer Camille Droz, Herborist und Botaniker, läßt in einer Broschüre die fast vergessenen Heilerfolge aufleben und berichtet über wundersame, besser gesagt, wunderbare Heilerfolge. Er schildert in einem Buch auch genau, wie das Kohlblatt angewendet wird. Das zarte Kohlblatt wird von den dicken Rippen befreit, geklopft, so daß es weich und saftig wird und dann zum Beispiel auf schmerzende Stellen, Wunden und Geschwüre aufgelegt. Der Saft, so kann man lesen, sorgt für rasche Heilung. Es sind Heilerfolge übermittelt bei akuten Verletzungen, Milzbrand, eitrigem Fieber, Tollwut, Gürtelrose, Flechten, Schorf, Malaria, Gicht, Neuralgien, rheumatischen Schmerzen, Röteln, Pocken, Scharlach, ja sogar bei Krebsgeschwüren und noch vielem mehr. Ich will, wie schon erwähnt, kein wissenschaftliches Werk erstellen, sondern nur darauf hinweisen, wie vielseitig die Heilwirkungen mit Kraut waren und sind.

Sie finden, falls Sie Interesse an diesem Thema haben, in jeder Buchhandlung oder Bibliothek reichlich Literatur. Einige Bezugsquellen sind auch am Ende dieses Buches genannt. Sollten Sie, wie anfangs selbst ich, einiges in Frage stellen, so bleibt doch die Tatsache bestehen, daß kein Fall bekannt ist, in dem Patienten durch diese Heilanwendungen mit Kraut geschadet wurde. Hier darf ich auch kurz berichten, daß 1950 der amerikanische Wissenschaftler C. Cheney einen Stoff, der in großen Mengen nur im Kohl, insbesondere im Weißkohl vorkommt, entdeckte. Er nannte ihn Anti-Ulcus-Faktor. Er wird als besonderer Eiweißgrundbaustein beschrieben, der die Eigenschaft hat, gegen Geschwüre zu schützen und die Heilung schon bereits vorhandener fördert.

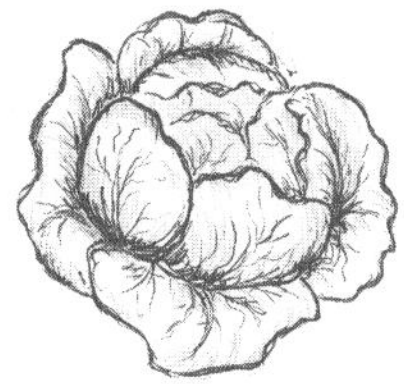

Wissen muß man dazu, daß der Anti-Ulcus-Faktor beim Erhitzen des Krautes oder des Sauerkrautes und des Krautsaftes seine Wirkung einbüßt. Man verwende also rohen Krautsaft oder nicht erhitztes, nicht sterilisiertes, nicht pasteurisiertes Sauerkraut.

Das Richtige ist mal wieder das Althergebrachte, das Sauerkraut vom Faß, wie es schon Pfarrer Kneipp empfiehlt.

Über alle Abhandlungen hinweg wird immer wieder von den Heilwirkungen des Krautes bei Magen- Darmproblemen berichtet. Mit dem Wissen darüber, sehen wir unsere Zweifel schwinden. Sehen Sie sich in Apotheken und Reformhäusern um und staunen Sie, was es da an Krautsäften usw. gibt und was man heute damit wieder behandelt. In der Naturheilkunde hat Kraut und Sauerkraut heute wieder seinen festen Platz.

Daß Krautgerichte, ob aus frischem Kraut oder aus Sauerkraut, mit das Gesündeste sind, was man auf den Tisch bringen kann, wissen wir und ist unbestritten. Kraut sollte eigentlich, genau wie Fisch, jede Woche einmal serviert werden. Vielen Krankheiten wäre der Kampf angesagt und diese würden unterliegen. Von Sauerkrautsaft wissen wir, daß er abführend wirkt und dabei noch gesund ist. Warum langt man dann zur Abführtablette?

Sauerkraut wird bei Schlankheitskuren eingesetzt, bei Arteriosklerose empfohlen. Bei Magen- und Darmproblemen ist es eigentlich schon lange ein Hausmittel. Durch die darin enthaltenen Milchsäurebakterien reguliert es die Verdauung und regt Magen- und Darmtätigkeit an. Wirkungsvoller als gekocht ist Sauerkraut natürlich roh. Es gibt nichts Gesünderes als bei Verdauungsproblemen früh nüchtern 1 Tasse rohes Sauerkraut zu essen oder in schweren Fällen 1 Glas Sauerkrautsaft zu trinken. Man könnte fortfahren, Ratschläge zu geben und würde lange kein Ende finden.

Selbstverständlich sind wir froh und dankbar, daß wir in eine Zeit geboren wurden, in der die Schulmedizin so enorme Möglichkeiten hat, uns zu behandeln und zu heilen. Man kann jedoch sehr gut unterstützend durch gezielte Ernährung selbst viel dazu beitragen. Sprechen Sie mit Ihrem Hausarzt oder dem Heilpraktiker Ihres Vertrauens darüber,bevor Sie Selbstversuche machen. Er wird Sie gerne nach Ihrem ganz persönlichen Gesundheitszustand beraten.

Erfreulicherweise hat in letzter Zeit ein großes Umdenken eingesetzt. Man besinnt sich wieder mehr auf die Heilkraft der Natur. Wir können den Wert unseres Kautes nicht genug in unsere Gedanken einbeziehen.

Alle Hausfrauen, Köchinnen, Mütter und auch kochende Männer möchte ich bitten, unsere Kochrezepte zu studieren, auszuprobieren und öfter mal eines davon auf den Tisch zu bringen - zu Ihrem eigenen Wohle

und für die Gesundheit der Ihnen Anvertrauten.

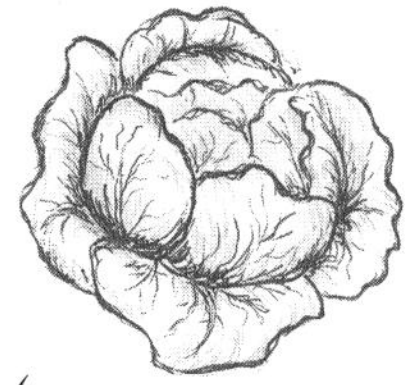

Die wichtigsten Inhaltsstoffe in unserem Kraut

Vitamine, Mineralien und Ballaststoffe machen unser Kraut so wertvoll.

Weißkraut

Energiegehalt

der verdaulichen Bestandteile	kJ:	106
aus 100 g eßbarem Anteil	kcal:	25

Hauptbestandteile in 100 g eßbarem Anteil

Wasser	92,1 g
Eiweiß	1,4 g
Fett	0,2 g
Kohlenhydrate	4,1 g

Mineralstoffe

Natrium	13 mg
Kalium	225 mg
Magnesium	25 mg
Calcium	45 mg
Eisen	500 µg

Vitamine

C	45 mg
E	1700 µg
B_1	50 µg
B_2	45 µg
B_6	110 µg

Sauerkraut abgetropft

Energiegehalt

der verdaulichen Bestandteile	kJ:	71
aus 100 g eßbarem Anteil	kcal:	17

Hauptbestandteile in 100 g eßbarem Anteil

Wasser	90,7 g
Eiweiß	1,5 g
Fett	0,3 g
Kohlenhydrate	0,8 g

Mineralstoffe

Natrium	355 mg
Kalium	290 mg
Magnesium	14 mg
Calcium	50 mg
Eisen	600 µg

Vitamine

C	20 mg
B_1	25 µg
B_2	50 µg
B_6	210 µg

Sonstiges

Milchsäure	1600 mg
Purine	16 mg

Diese Angaben sind aus "Souci-Fachmann-Kraut" Lebensmitteltabelle für die Praxis.
Herausgegeben von der Deutschen Forschungsanstalt für Lebensmittelchemie Garching bei München

Merkendorfer Krautlied

von Fritz Candidus

Hoch klingt das Lied vom Kraut, dem weißen,
das alle Welt freut und beglückt
Drum woll'n wir heut den Segen preisen,
den die Natur uns freundlich schickt.

Die Heimat gibt dazu den Boden,
auf dem das Pflänzlein wird gebaut.
Der Bauer, der muß müh'n und roden,
daß aus dem Kräutlein wird ein Kraut.

Wenn dann die Köpfe fest und rund sind
und stolz auf ihren Beeten stehn,
und drüber streicht der kalte Herbstwind,
dann kann es froh zur Ernte geh'n.

Dann wird der Segen heimgefahren
und es beginnt die schöne Zeit,
wie immer schon seit vielen Jahren.
Der Krauthobel steht griffbereit.

Ist dann das Kraut schön weich und sauer,
dazu'ne Wurst und schweinerns Fleisch,
so freut sich Städter und der Bauer.
Solch Essen macht uns satt und reich.

Drum laßt heut froh den Spruch erklingen,
daß in die Lande schallt es laut,
erhebt das Glas und laßt uns singen:
Hoch leb' das Merkendorfer Kraut.

(Nach der Melodie:
Wem Gott will rechte Gunst erweisen)

Die Merkendorfer sind nicht die ersten, die ein Krautlied haben.
(siehe S. 86)

Wo kommen unsere

Krautrezepte her?

Wir haben versucht, möglichst viele Rezepte aus dem Merkendorfer Krautland zusammenzutragen und es ist erstaunlich, welcher Reichtum auf diesem Gebiet vorhanden ist. Es läßt sich aber auf keinen Fall mit "Merkendorfer Krautrezepten" überschreiben. Für Kochrezepte lassen sich keine Grenzen ziehen. Es sind meist fränkische Rezepte und weil viele oft von Generation zu Generation weitergegeben wurden und werden, ist die Herkunft oft nicht mehr nachvollziehbar. Der Austausch von Rezepten ist nicht nur heute üblich, sondern war schon zu allen Zeiten unter den Hausfrauen und Köchen sehr beliebt. Irgendwo in einer anderen Ecke Bayerns, in Schwaben, in Österreich, Böhmen usw. oder in der russischen Küche tauchen sie, oft nur mit kleinen Abweichungen, wieder auf.

Ob diese Rezepte nun im Laufe vieler Jahre von "Uns" nach "Dort" oder von "Dort" zu "Uns" mit den Menschen gewandert sind, ist schwerlich zu sagen. Hauptsache, die Speisen nach diesen Rezepten sind gesund und schmecken uns "Hier" und "Dort".

Wir haben die Bäuerinnen im Merkendorfer Krautland zu Wort kommen lassen, haben ihnen über die Schulter und in die Töpfe geguckt, haben ihre Familienmitglieder, vor allem ihre Männer befragt, wie sie das Kraut besonders gerne essen und auf diese Weise die beliebtesten Hausrezepte zusammengestellt.

Auch der Herr Bürgermeister wurde befragt. Er ist ein wirklicher Feinschmecker und seine Frau eine ganz hervorragend gute Köchin. Sein Lieblingsgericht ist "Sauerkraut mit Schweinefleisch und Kartoffeln".

Sein Ausspruch:
"Ins Sauerkraut g´hört a richtig´s durchwachsn´s Stück Schweinefleisch – des derf a a bisla fett sei, es Kraut muß gut durchkocht sei und es Fleisch so waach, daß fast zerfällt – dann is des wos Gut´s. Aufg´wärmt is es Kraut am nächst´n Doch no besser, dann gibt´s Bratwürscht dezu".

Heut´ gibt's **Fleisch** mit Kraut
und Kartoffel.

Morgen gibt's Kraut mit
Kartoffel und **Fleisch**

Übermorgen gibt's Kartoffel
mit Kraut und **Fleisch**

Zu den Gewürzen und Kochzeiten

Die Hausfrauen im Merkendorfer Krautland verstehen sich besonders gut auf die Zubereitung von Kraut in allen Variationen. Kein Wunder, das Kraut wächst ja direkt vor der Haustüre. Die Rezepte wurden über Generationen hinweg mündlich oder schriftlich weitergegeben. So verschieden sind, bei genauer Betrachtung, die Rezepte zu denen anderer Gegenden aber gar nicht. Es sind oft nur feine Unterschiede in der Verwendung spezieller Kräuter, Gewürze, Früchte und dem Gefühl für die richtige Menge zum entsprechenden Gericht. Man findet, wenn man viele Bücher durchstöbert, folgende Zutaten:

Kümmel	Thymian	Koriander	Dann natürlich auch noch:
Wacholderbeeren	Pfeffer	Muskat	Ananas, Äpfel, Birnen,
Lorbeerblätter	Knoblauch	Nelken	Rosinen, Eßkastanien,
Salze	Petersilie	Piment	usw.
Zucker	Bohnenkraut	Estragon	
Essig	Majoran	Oregano	und selbstverständlich
Zitrone	Basilikum	Paprikapulver	frische Kräuter wie
Honig	Dill	Curry	Petersilie, Schnittlauch, usw.

Auffallend ist, daß Kümmel, Majoran und Wacholderbeeren vorzugsweise in unserer Gegend verwendet werden. Bohnenkraut, Lorbeer, Basilikum, Thymian, Knoblauch und Honig finden wir in fast allen fränkischen Kochbüchern. Weit weniger aber alle übrigen Gewürze und Kräuter. Man kann mit diesen Zutaten ganz toll variieren und Abwechslung in die Krautgerichte bringen. Auch die Gesundheit kann mit den Gewürzen beeinflußt werden. Ein kleiner Hinweis. – Wer zum Beispiel die Kümmelkörner im Kraut nicht mag, kann Kümmel durch die Mühle drehen, Kümmelpulver oder auch Kümmelöl verwenden. Bei Kümmelöl jedoch sparsam sein, es würzt sehr intensiv. In älteren Kochbüchern findet man auch oft den Hinweis auf Maggiwürze, die früher wahrscheinlich die einzige Flüssig- oder Würfelwürze war. Heute gibt es viele gute Produkte in dieser Art und sie tun gute Dienste beim Abschmecken. Bei mir muß allerdings heute noch zu fast allen Krautgerichten das Maggifläschchen mit auf dem Tisch stehen.

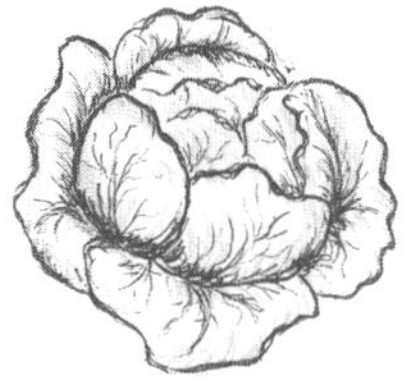

Hinweise zu unseren Rezepten

Die Rezepte sind in der Regel für 4 Personen angegeben. Bei Rezepten für weniger oder mehr Personen ist dies extra unter dem Titel des Rezeptes vermerkt.

Es ist fast nicht möglich, bei Kraut exakte Mengen anzugeben. Die Eßgewohnheiten sind hier sehr verschieden. Mancher verträgt große Mengen, ein anderer genießt Kraut mehr als Beilage. Die Hausfrau kennt aber ihre Esser und weiß dies selbst gut abzuschätzen. Im übrigen lassen sich Reste sehr gut einfrieren oder am nächsten Tag verwenden. Insbesondere Sauerkraut schmeckt dann noch besser.

In alten Kochbüchern sind für Sauerkraut Kochzeiten von bis zu 2 Std. und mehr angegeben. Das ist für uns heute schwer nachvollziehbar. Es mag vielleicht daran gelegen haben, daß man auf offenem Feuer, auf Holz- und Kohlenherd nicht immer die gleichbleibende Hitze hatte, das Fleisch aber mit dem Kraut fertig werden mußte. Obwohl man heute andere Kochkenntnisse hat, wird in unserer Gegend Sauerkraut immer noch verhältnismäßig lange gekocht. Man glaubt, daß es dadurch einen besonderen Geschmack bekommt. Mag sein, aber man sollte schon bedenken, daß durch die lange Kochzeit gesundheitliche Werte gemindert werden. Das kürzere Kochen im Dampftopf z.B. ändert den Geschmack kaum oder gar nicht. Die Wertstoffe im Kraut bleiben aber weitgehendst erhalten und wir sparen beträchtlich an Strom und Zeit. Die Kochzeit bei frischem Kraut beträgt ca. 15 Min. bei Sauerkraut aus der Dose 10-15 Min. Bei Kraut aus dem Faß rechnet man mit 20-30 Minuten. Wenn man die Stromzufuhr nach etwa der halben Kochzeit abschaltet und den Topf auf der Herdplatte stehen läßt, wird das Kraut, unter Ausnutzung der Nachwärme, von ganz alleine fertig.

Jüngere Frauen und Männer kochen sowieso gerne schnell, gesundheits- und umweltbewußt. Unseren älteren Köchinnen und Köchen sei aber, soweit sie es noch nicht praktizieren, ein Probieren wärmstens empfohlen. Fleisch wird in 15 Minuten selbstverständlich nicht weich. Es muß vorgekocht werden (siehe Rezeptbeispiele S. 40; 64; 73). Das ist so einfach und am Ende haben wir Kraut und Fleisch wieder vereint in einem Topf. Es schmeckt genausogut, wie in altherkömmlicher Weise gekocht.

Die in unserem Buch angegebenen Kochzeiten sind immer nur Mittelwerte. Manche mögen das Kraut noch etwas knackig, andere dagegen butterweich. Ich bin mir sicher, daß Sie ganz schnell Ihre idealen Kochzeiten herausfinden.

Ein Krautskopf ist oft zuviel für ein Gericht. Der Rest läßt sich im Gemüsefach des Kühlschranks oder in einem kühlen Raum (Keller oder Speisekammer) gut mehrere Tage aufbewahren (Schnittfläche mit Folie abdecken) und für ein weiteres unserer vielseitigen Krautgerichte verwenden. Denken Sie auch an die Verwendung für Salate zu beliebigen Fleisch-, Fisch-, Geflügel- oder Wildgerichten. Kleinere Reste geben noch immer eine gute Krautsuppe. Bei guter Einteilung läßt sich der ganze Krautskopf bis zum letzten Rest verwerten.

Soll Kraut seine Farbe behalten, ist ein Schuß Essig oder etwas Zitronensaft beizugeben. Krautgerichte lassen sich gut einfrieren. Kraut wird durch das Einfrieren sogar leichter bekömmlich. Im Mikrowellengerät erwärmt, schmecken die Gerichte wie frisch.

Abkürzungen in diesem Buch:

Pfd.	= Pfund	EL	= Eßlöffel	Msp	= Messerspitze	kl.	= klein
kg	= Kilogramm	TL	= Teelöffel	T	= Tasse	ca.	= circa
g	= Gramm	L	= Liter	gr.	= groß		

Übrigens: wenn man bei uns vom Kraut oder Krautskopf spricht, dann ist immer das Weißkraut oder der Weißkohl gemeint. In anderen Gegenden nennt man unser Kraut auch nur Kohl, Kappes oder Kappeskraut, Kappis oder Kappiskraut, Heppes oder Heppeskraut oder auch nur Kappus und in der Schweiz Kabis.

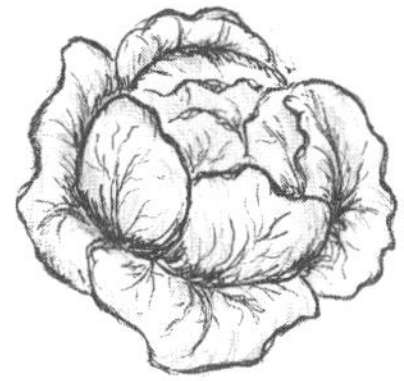

Bayrisch Kraut

In ganz Bayern und weit darüber hinaus ist Bayrisch Kraut ein fester Begriff. Hier aber, im Merkendorfer Krautland, ist es eine alteingebürgerte Spezialität. Der Unterschied zu Kochweisen anderer Gegenden liegt eigentlich nur in der Art der Zugabe von Gewürzen und Kräutern.

Wir würzen, wie von alters her, auch heute vorzugsweise mit Majoran (früher Maseru), was man in Rezepten anderer Regionen zwar auch, aber viel seltener findet. Bohnenkraut zum Beispiel ist fast ausschließlich als Krautgewürz bei uns bekannt. Kümmel findet sich in fast allen Kochbüchern als Krautzugabe, jedoch mengenmäßig nicht so reichlich wie hier. Blättert man in alten Rezeptbüchern, in so schönen, handgeschriebenen von der Großmutter, dann sind da zum Beispiel Kümmelmengen gleich löffelweise angegeben, die uns viel zu übertrieben erscheinen. Man glaubt, das kann nicht stimmen. Die Alten aber wußten schon, warum sie an den Gewürzen, insbesondere an Kümmel, nicht sparten. Alle drei, Bohnenkraut, Majoran und Kümmel wirken den Blähungen entgegen und wenn man bedenkt, daß früher Kraut so richtig zum Sattwerden gegessen wurde, welche Mengen da oft verschlungen wurden, dann erkennt man Sinn und Zweck dieses Würzens. Kraut war nun mal ein gutes, gesundes und, was früher auch ausschlaggebend war, ein billiges Volksnahrungsmittel.

Heute stimmt dies zwar noch genauso wie damals, man verspeist aber nicht mehr diese Mengen. Unsere Mägen sind jedoch durch andere Eßgewohnheiten empfindlicher geworden und diese Gewürze sind deshalb heute genauso sinnvoll wie früher. Sie haben also neben dem geschmacklichen auch ihren gesundheitlichen Wert und deshalb gehören sie einfach in unser Kraut.

Bayrisch Kraut

so steht´s in Großmutters Kochbuch

Einen großen Krautskopf gut putzen und waschen. Einmal durchschneiden und den Keng (Strunk) herausschneiden. Dann in feine Streifen schneiden.

In einen großen Hafen (Topf) gibt man 2-3 Eßlöffel Gänse- oder Schweineschmalz und läßt es zerlaufen. Darauf gibt man das Kraut und 1 Hand voll Grieben, 1 Eßlöffel Zucker, 1 Eßlöffel Kümmel, reichlich Maseru (Majoran), sowie ein wenig Essig. Mit Wasser oder Fleischbrühe oder, wenn man hat, mit Kessel- oder Wurstsuppe aufgießen und kochen, bis das Kraut weich ist.

Mit heller Einbrenne binden oder aus Schmalz und Mehl einen Mehlkloß kneten . Den auf das Kraut geben, hineinrühren und das Kraut mit Pfeffer, Salz und Maggi abschmecken und nocheinmal durchkochen.

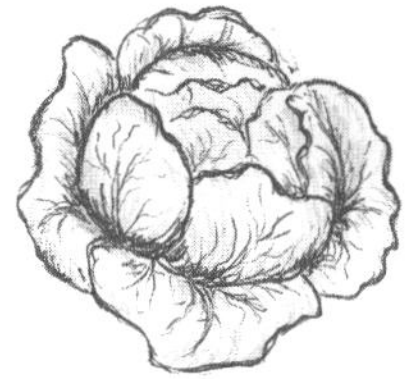

Bayrisch Kraut

Es unterscheidet sich kaum von Großmutters Rezept und kann wunderbar in jede Geschmacksrichtung verändert werden.

1 Weißkrautkopf ca. 3 Pfd.	äußere, harte Blätter entfernen, halbieren, Strunk entfernen, in beliebig breite Streifen hobeln oder von Hand schneiden.
3 EL Butter od. Schmalz	im Topf zergehen lassen und
1 mittelgr. Zwiebel	klein geschnitten mit
1 EL Kümmel	darin leicht andünsten. Kraut zugeben. Mit
1 EL Essig	und
1/4 l Brühe	aufgießen. Mit
1 TL Zucker	und
etwas Salz	abschmecken, gut durchrühren und ca. 30 -40 Minuten fertiggaren (die Kochzeit richtet sich nach der Härte des Krautes). Es soll nicht zu weich gekocht sein.

Wenn man es sämig will, kann man dies nach Großmutter´s Rezept mit einem Mehlkloß erreichen. Er hat den Vorteil, daß das mit Fett vermengte Mehl nicht klumpt. Oder man reibt eine rohe Kartoffel ins Kraut. 2 EL Mehl mit etwas Wasser verrührt und zum Kraut gegeben, machen dieses ebenfalls sämig.

Ein Tip: Es ist zeitsparend, wenn man auf Vorrat Mehl mit Fett verknetet, zu einer Rolle formt und im Kühlschrank oder Gefriergerät aufbewahrt. Bei Bedarf schneidet man die erforderliche Menge ab.

Bayrisch Kraut mit Fleisch

überliefertes Rezept

20 g Fett	in den Topf geben, darin
1 TL Zucker	und
1 TL Zwiebeln	fein geschnitten, anbräunen.
1 TL Kümmel	kurz mitdünsten.
1 1/2 Pfd. Schweine-Bauch	in drei Scheiben geschnitten darauf legen und
2 Pfd. Weißkraut	gehobelt dazugeben.
1/2 - 3/4 l Wasser	aufgießen und ca. 1 Std. kochen.
	Nach Belieben binden.

Im Dampftopf beträgt die Kochzeit für das Kraut ca. 10 - 12 Minuten. Das Fleisch wird im Dampftopf vorher in ca. 3/4 ltr. Wasser etwa 10 Minuten vorgekocht. Das Kraut kann dann gleich auf das Fleisch in diese Brühe gegeben werden. Wer das Gericht fettarm will, kann die Brühe entfetten oder mit Wasser ersetzen.

Dem Wasser, in dem das Fleisch vorgekocht wird, kann auch Suppengrün (Zwiebel, Sellerie, Gelbe Rüben, usw.) zugegeben werden. Entfettet ist es eine gute Suppenbrühe.

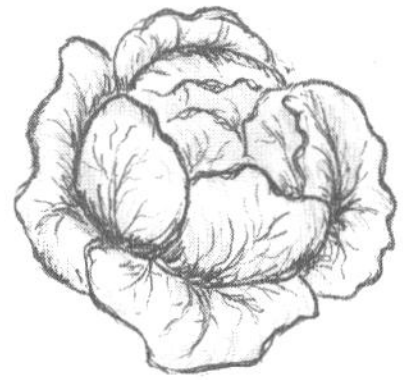

Häfeleskraut

altes überliefertes Rezept

1 Krautskopf	putzen und in feine Streifen schneiden.
1 Pfd. Schulter vom Schwein (oder 1/2 Pfd. Schaffleisch und 1/2 Pfd. Schulter)	waschen und abtrocknen, in kleine Stückchen schneiden und in
1 EL Schmalz	einige Minuten anbraten.
1 große Zwiebel	fein hacken und mit dem Kraut zum Fleisch geben. Unter Umwenden 5 Min. dämpfen.
1 l heiße Brühe	zugeben und mit
Salz und Pfeffer 1 Lorbeerblatt 1 Nelke	würzen. Im zugedeckten "Hafen" (Topf) 1/2 Std. schmoren lassen. Inzwischen
1 1/2 Pfd. Kartoffeln	schälen und in gleichmäßige Würfel schneiden. Diese in den "Hafen" geben. Deckel wieder schließen und nur so lange dämpfen, daß die Kartoffeln nicht zerfallen.
	Mit
Petersilie	bestreuen.

Gleich im "Hafen" oder in einer angewärmten Schüssel auftragen.

Weißkraut mit Speck

aus einem alten, fränkischen Kochbuch

1 Krautskopf (ca. 2 Pfd.)	teilen, vom Strunk befreien und in fingerbreite Streifen schneiden.
2 EL Schmalz	in einem Topf zerlaufen lassen,
200 g Speck (durchwachsen)	klein schneiden und darin gut anbraten.
1 gr. Zwiebel	hacken und kurz mitdünsten, aber nicht bräunen. Das Kraut mit
etwas Kümmel	zugeben.
1/8 l Wasser 1 Glas Weißwein oder Most	darüber gießen,
1 gr. Kartoffel	fein reiben, (sie macht das Kraut sämig) und unterrühren. Ca. 30 - 40 Min. leicht dämpfen. Nach Belieben kann noch etwas Mehl hinzugegeben werden. Mit
etwas Essig, Zucker, Salz und Pfeffer	abschmecken.

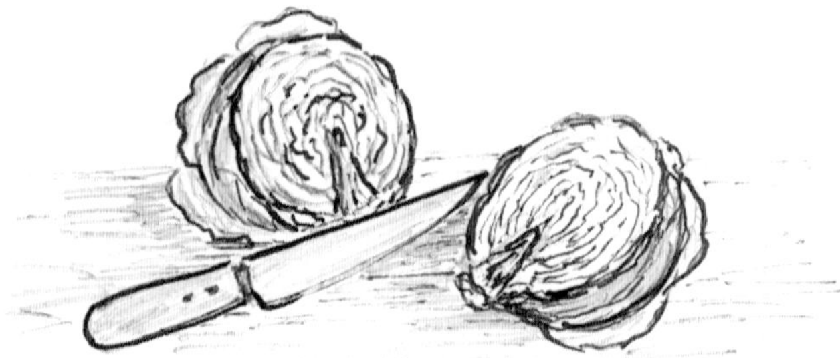

Schlamperts Kraut

nach Oma

Wenn Oma keine Zeit hatte, ersparte sie sich hobeln und schneiden. Wir haben`s ausprobiert und es schmeckt prima.

1 mittelgr. Weißkrautkopf	putzen, halbieren, vierteln, achteln und zerrupfen, in
Salzwasser	weichkochen.
1 Zwiebel	kleingeschnitten dazugeben. Aus
1 EL Schmalz	
1 EL Mehl	eine helle Einbrenne herstellen. Mit dem Kochwasser aufgießen, durchkochen und dem Kraut zugeben. Nochmals kurz aufkochen und mit
Kümmel	
1 Prise Zucker	
Salz	nach Geschmack würzen.

Schnelle Delikatesse

als Beilage zu Braten

1 kl. Weißkrautkopf	die äußeren, harten Blätter entfernen, halbieren, vierteln, achteln. Die Stücke in
Salzwasser	bißfest kochen, herausnehmen, abtropfen lassen, etwas salzen und ganz leicht pfeffern. Mit
weißer Soße	oder heißer Butter übergießen.

Süßes Weißkraut

1 Kopf Weißkraut	
ca. 1 kg	Äußere harten Blätter entfernen, Strunk herausschneiden, fingerdick schneiden oder hobeln.
1 EL Fett	im Topf zergehen lassen, das Kraut zugeben, mit
1/4 l Fleischbrühe	aufgießen.
1 EL Essig	
1 EL Zucker	
etwas Salz	
Kümmel	nach Geschmack zugeben, nicht zu weich dämpfen.
2 EL Mehl	mit
etwas Wasser	verrühren und das Kraut damit sämig binden.
1 Tasse Apfelmus	
1/2 EL Honig	untermischen, abschmecken und unter Rühren nochmals kurz erhitzen.

Zur Verfeinerung kann nach Belieben Wein oder süße Sahne zugegeben werden.

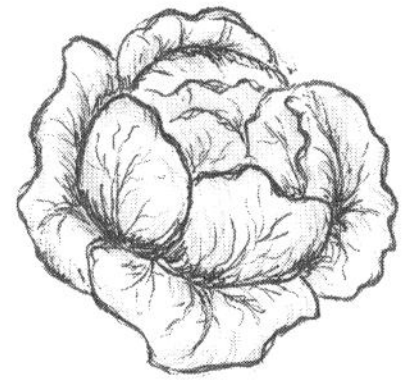

Kraut-Fleisch-Küchle

1 kleinen	
Weißkrautkopf	halbieren, Strunk entfernen (die eine Hälfte weglegen, für Salate oder ein anderes Krautgericht verwenden). Die Hälfte, die wir für unsere Kraut-Fleisch-Küchle verwenden, in feine Streifen schneiden und diese noch einmal quer in Stücke teilen.
1 Pfd. Hackfleisch	
(gemischt)	mit dem Kraut in eine große Schüssel geben.
3 Eier	
2 Semmeln	einweichen, gut ausdrücken und
1 Zwiebel	feingeschnitten zugeben. Nach Belieben mit
Majoran, Pfeffer,	
Salz, Petersilie	würzen, alles gut vermischen und abschmecken. Bei Bedarf
Semmelbrösel	untermengen. Küchle formen (rund oder länglich) und in einer Pfanne in
reichlich Fett	langsam ausbacken.

Jägerkraut

einfache Art

1 Krautskopf (1 kg)	putzen, waschen, Strunk entfernen und in grobe Stücke schneiden.
50 gr. Schweineschmalz	
(oder anderes Fett)	mit
1 TL Zucker	erhitzen. Weißkraut darin andünsten (es wird etwas bräunlich), mit
1 EL Mehl	überstäuben und umrühren. Sofort mit
1/4 l Wasser	und
1/4 l Weißwein	aufgießen.
3 säuerliche Äpfel	schälen, Kernhaus entfernen und, wenn nicht gespritzt, mit der Schale in kleine Stücke schneiden oder raspeln. Zum Kraut geben, untermischen und mit
etwas Salz	
Pfeffer und	
Kümmel	würzen. 30 - 40 Min. leicht garen.

Ideal zu allen Wildgerichten.

Jägerkraut

1 kg Weißkraut	putzen, waschen und fein hobeln, mit
1 EL Salz	bestreuen und gut 2 Std. ziehen lassen.
Wasser	aufgießen und etwa 7 Min. garen.
	Kochwasser abgießen.
250 g Rauchspeck	würfeln, im Topf anbraten. Nach Belieben
einige Pilze	kleingeschnitten mitdünsten. Kraut zugeben.
1/2 Tasse Fleischbrühe	und
1/2 Tasse Weißwein	zugeben.
2-3 EL Weinessig	
2 EL Mehl	
etwas Salz, Pfeffer	und
4 Eier	gut verquirlen, über das Kraut geben, unterrühren und bei schwacher Hitze ca. 10 Min. garen. Immer wieder umrühren, damit es nicht anliegt und anbrennt.

Verfeinert werden kann das Gericht durch das Mitkochen von Sultaninen. Möglich ist ebenso das Unterheben von Preiselbeeren. Diese geben dem Kraut eine rötliche Farbe, was auch mit Roten Rüben erreicht werden kann.

Schmeckt nicht nur zu Wildgerichten, sondern auch zu Hackbratenim Netz oder zum Schnitzel.

Eine Delikatesse

schon zu Oma`s Zeiten
für alle, die selbst Kraut anbauen.

Bei Frühkraut wird auf dem Feld der Kopf so ausgestochen, daß die Staude, die stehen bleibt, seitlich wieder kleine Köpfe treiben kann. Wenn diese gut faustgroß sind, werden sie abgeschnitten, von unten der Strunk entfernt und in Salzwasser leicht gedünstet. Nun werden sie in Butter geschwenkt und sanft mit etwas weißem Pfeffer und ein ganz klein wenig Zucker gewürzt.
Mit etwas fein geschnittener Petersilie überstreut, ist es eine wirkliche Delikatesse zu beliebigen Bratengerichten.
Die Köpfchen können auch mit weißer Soße, bzw. Sahnesoße serviert werden.

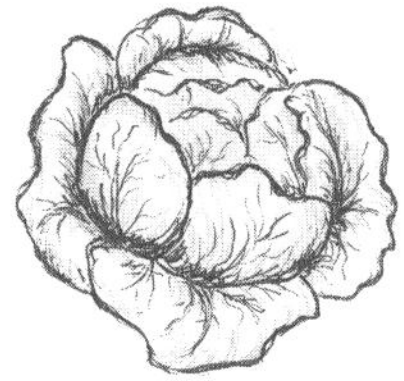

Gemüsetopf mit Weißkraut

für 4 - 6 Personen

1 Pfd. Weißkraut	
1 Pfd. frische Bohnen	
1 Pfd. Kartoffeln	
1 Pfd. Lauch	
1/2 Pfd. Gelbe Rüben	
1/2 Pfd. Sellerie	
1 gr. Kohlrabi	
1 gr. Zwiebel	
300 g Kürbis	alles kleinschneiden
50 g Margarine	im Topf auslassen und
200 g Speck	
(durchwachsen)	kleingewürfelt darin anbraten. Erst die Zwiebel und anschließend alles Gemüse andünsten.
2 EL Tomatenmark	zugeben. Mit
1 1/2 ltr. Brühe	auffüllen und bei schwacher Hitze ca. 1/2 Stunde dünsten. Frische Kräuter darübergeben.

Fränkischer Eintopf

mit Schweinefleisch

1 1/2 Pfd. Schweinebauch	
oder -schulter	in mundgerechte Stücke schneiden.
50g Schmalz	
(oder anderes Fett)	erhitzen und die Fleischstücke darin anbraten.
1 große Zwiebel	würfeln und kurz mitdünsten. Mit
etwas Wasser	aufgiessen, alles zusammen gut 10 Min. garen.
1 Weißkrautkopf	
(ca. 2 Pfd.)	putzen, hobeln und zum Fleisch geben.
3/4 l Fleischbrühe	zugießen und weiter leicht kochen lassen.
4 große Kartoffeln	
2 gr. Gelbe Rüben	putzen, in Stücke schneiden und zugeben. Mit
Bohnenkraut, Salz, Pfeffer,	oder
Muskat	nach Geschmack würzen.

Alles zusammen noch etwa 40 Min. kochen, bis das Fleisch zart ist.

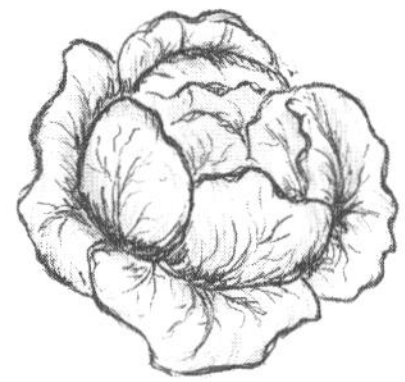

Weißkraut

mit Fleischklößchen

2 Pfd.Kraut	putzen und in Streifen schneiden.
60 g Fett	in einer großen Pfanne erhitzen.
1 Zwiebel	klein geschnitten, darin andünsten. Das geschnittene Kraut zugeben und leicht mitdünsten.
5 - 6 Tomaten	kurz in kochendes Wasser geben, enthäuten und geschnitten zum Kraut geben. Etwas
Salz	darübergeben und mit
1/4 l Brühe	aufgießen.

Für die Klößchen:

3/4 Pfd. gemischtes Hackfleisch	mit
etwas Salz	
1 Semmel	eingeweicht
1 Zwiebel	feingeschnitten
2 Eier	
Salz, Pfeffer, Paprika, Petersilie od. Majoran	vermengen. Sollte die Mischung zu weich sein, etwas Semmelmehl zugeben. Klößchen formen und auf das kochende Kraut legen.

30 - 40 Min. zugedeckt auf niedriger Stufe gar dünsten. Mit frischer Petersilie oder frischem Majoran bestreuen.

Weißkrauttopf

ein Leibgericht (zu Reis oder Nudeln)

Marinade:	
6 EL Sojasoße	
5 EL Frankenwein	
etwas weißen Pfeffer	
1 Tasse Fleischbrühe	zu Marinade vermischen. Darin
400 g ausgelöste Kotlettstücke (wahlw. Schweinebauch)	in 1/2 cm dicke Streifen schneiden, mindestens 3 Std. zugedeckt ziehen lassen. Inzwischen
1 kleinen Krautskopf	putzen und ohne Strunk in 5 cm große Stücke schneiden.
2 rote Paprikaschoten	Kerne und weiße Haut entfernen, in Streifen schneiden.
3 Frühlingszwiebeln	in ca. 3 cm lange Stücke teilen.
	Das Fleisch aus der Marinade nehmen, abtropfen lassen und in
5 EL Pflanzenöl	rundum anbraten, mit
etwas Pfeffer	würzen, herausnehmen und warmstellen.
	Die Marinade mit
1 Tasse Brühe	
4 EL Essig	
1/2 TL Zucker	
etwas Salz	in das Bratfett geben, Kohlstücke und Paprikastreifen zugeben, ca. 10 Minuten leicht dünsten.
	Fleisch und Zwiebeln zugeben, fein abschmecken.

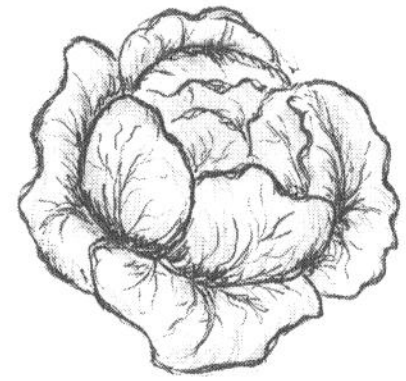

Weißkrautschnitzel

gefüllt

1 Krautskopf (mittelgroß)	putzen, blanchieren.
8 große Blätter	zur Seite legen. Die nächsten Blätter in handtellergroße Stücke schneiden. Aus
3/4 Pfd. Hackfleisch (gemischt) 1 Ei, 1 Semmel etwas Majoran, Pfeffer, Salz	eine Fülle bereiten. Auf die großen Blätter je 1 Schicht Fülle verteilen, dann ein zugeschnittenes Krautblatt auflegen, dieses mit
Tomatenmark	bestreichen. Im Wechsel fortfahren. Das große, unten liegende Blatt wie ein Kuvert zusammenschlagen und mit Stäbchen feststecken. In
Ei	und
Semmelbrösel	panieren und in reichlich
Schmalz	wie Schnitzel, herausbacken.
	Zu Kartoffelsalat servieren.

Weißkraut mit gekochten Rippchen

2 Pfd. Weißkraut	putzen und würfeln.
1 Zwiebel	mit
100 g Speck	glasig dünsten.
1 TL Farinzucker	zugeben, das Kraut daraufgeben und kurz anbräunen.
1/4 l Fleisch- oder Würfelbrühe	zugießen,
4 gekochte Rippchen	darauf legen und ca. 30 Minuten dämpfen. Das Kraut soll nicht zu weich werden. Rippchen herausnehmen und warmstellen, das Kraut mit
1 EL Essig	und
3 EL Sauerrahm	verfeinern, mit
Salz, Pfeffer und Dill	würzen.

Anstelle der Rippchen kann man kurz vor Kochende auch einen Ring Fleischwurst oder Hausmacher aufs Kraut geben.

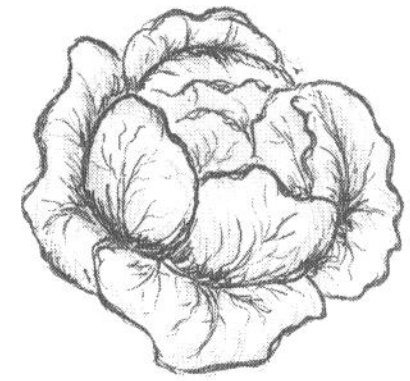

Gefülltes Weißkraut

1 Kopf Weißkraut	10 Minuten in Salzwasser kochen. Kleinen Deckel abschneiden, Krautskopf aushöhlen, das entnommene Kraut feinhacken und zum Hackfleisch geben.
200 g Hackfleisch	mit
50 g mageren Räucherspeck	in Würfel geschnitten,
1 Zwiebel	feingehackt,
1/2 eingew. Semmel	mischen und mit
Salz, Pfeffer, Kümmel, Paprika	kräftig würzen. Die Masse hoch in den Krautskopf einfüllen und mit
dünnen Scheiben Räucherspeck	belegen.
1/2 l Fleischbrühe	im Topf erhitzen und den Kohl hineinstellen. Zugedeckt bei Mittelhitze 1 - 1 1/2 Stunden garen, evtl. Brühe nachgießen.

Krautpudding

mit Hackfleisch

1 Krautskopf (ca. 2 1/2 Pfd.)	putzen und in Salzwasser ca. 5 - 10 Min. kochen. Die großen äußeren Blätter lösen, die dicken Rippen entfernen und eine gefettete Puddingform damit auslegen. Den Rest des Krautes klein schneiden.
3/4 Pfd. gemischtes Hackfleisch	
1 Semmel	eingeweicht und wieder ausgedrückt
1 gr. Zwiebel	in Würfel geschnitten,
1 Ei	
Salz, Pfeffer,	
Paprika	mit dem Kraut zu einem Fleischteig vermischen. Die Masse fest in die Puddingform eindrücken und die überstehenden Krautblätter darüberschlagen. Form schließen und im Wasserbad 80 - 90 Minuten kochen lassen. Herausnehmen und stürzen.

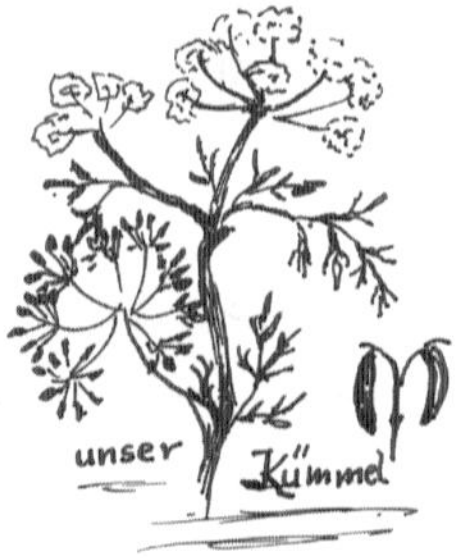

Als Beilage Salzkartoffeln und Kümmelsoße

<u>Rezept für die Kümmelsoße</u>

3 EL Magerquark	
5 EL saure Sahne	im Mixer zu einer sämigen Soße verrühren.
1 kl. Zwiebel	fein gerieben,
Schnittlauch und Dill	unterheben. Mit
Salz, Pfeffer und	
1/2 EL gemahlenen Kümmel	würzen.

Schnelle Krautpfanne

für 2 Personen

ca. 150 g Hörnchen, breite Nudeln o. Spätzle	bißfest kochen.
250 g gemischtes Hackfleisch (oder Bratenreste)	in
2 EL Fett	in einer großen Pfanne anbraten,
1 Zwiebel	fein geschnitten zugeben und kurz mitbraten.
1/2 Krautskopf (ca. 500 g)	in feine Streifen, und diese in 2 cm Stücke schneiden. Zu Fleisch und Zwiebeln geben und leicht anbräunen.
1/2 Tasse Wasser	aufgießen. Die gekochten Teigwaren untermischen, mit
Salz, Pfeffer, Majoran	oder
Paprika	abschmecken.

Die Krautpfanne kann mit Käse überstreut, oder mit Tomatenketchup serviert werden.

Merkendorfer Krautkuchen

1 Päckchen Blätterteig	(tiefgefroren) auftauen. In der Zwischenzeit
1 Krautskopf (mittelgr.)	waschen, putzen, Strunk entfernen, in Streifen schneiden oder hobeln. Zusammen mit
2 Zwiebeln	grob geschnitten, ca. 10 Minuten in
Salzwasser	dünsten, abtropfen lassen. Blätterteig ausrollen, auf ein mit Wasser benetztes Backblech legen, Rand etwas hochziehen, einige Zeit ruhen lassen.
250 g Räucherspeck	(nach Belieben auch mehr)
(durchwachsen)	in kleine Würfel schneiden, kurz in
wenig Fett	leicht anbraten. Das abgekühlte Kraut mit den Zwiebeln gleichmäßig auf dem Teig verteilen. Die Speckwürfel darübergeben.
6 Eier	und
1 Becher saure Sahne	verquirlen.
300 g Reibekäse	untermischen, mit
Salz und Pfeffer	abschmecken und über die Krautmasse geben. Nach Geschmack mit
etwas Paprika	leicht bestreuen. Im vorgeheizten Ofen bei 200°C ca. 30 Min. backen.

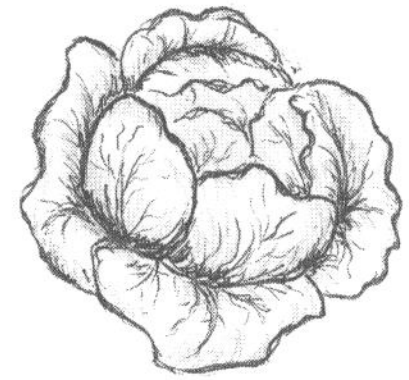

Weißkrauteintopf mit Rinderbrust

1/2 Pfd. durchw. Speck	kleingewürfelt in einem Topf mit
2 El. Schmalz	anbraten.
1 gr. Zwiebel	klein geschnitten, zugeben. Mit
1 1/2 l Wasser	aufgießen.
2 kl. Knoblauchzehen	
2 Lorbeerblätter	
10 Pfefferkörner	
4 Pimentkörner	und
6 Gewürznelken.	zugeben. Es ist vorteilhaft, alle Gewürze in ein Leinenbeutelchen, zugebundenes Leinenläppchen oder in ein Tee-Ei zu geben, damit alles zusammen herausgenommen werden kann.
1 1/2 Pfd. Rinderbrust	in die kochende Brühe geben und insgesamt 1 1/2 Std. kochen lassen. Nach 30 Min. die Gewürze herausnehmen.
2 Pfd. Weißkraut,	klein geschnitten
1/2 Pfd. Gelbe Rüben,	
1 Sellerieknolle	und
4 große Kartoffeln	in nicht zu kleine Würfel schneiden und in die Brühe geben. Alles nochmals ca. 20 Min. kochen. Vor dem Servieren das Fleisch herausnehmen und aufschneiden. Den Eintopf mit Salz und Cayennepfeffer vorsichtig nachwürzen und mit kleingehackter Petersilie bestreuen.

Krautklöße

– aus einem alten Kochbuch –
für 2 Personen

1/2 Pfd. Weißkraut	fein hobeln. In
2 EL. Butter	dünsten und kaltstellen.
3 Weckle (Semmeln)	in
1/8 l lauwarmer Milch	einweichen, durchziehen lassen, ausdrücken. Mit
3 Eier	etwas
Salz, Pfeffer	und
Majoran	vermischen. Das erkaltete Kraut zugeben und nochmals gut mischen. Daraus mittelgroße Klöße formen und in leicht kochendem Salzwasser garen. Abtropfen lassen und warmhalten.
2 gr. Zwiebeln	in Ringe schneiden, in
2 EL. Butter	schön bräunen und über die Klöße geben.

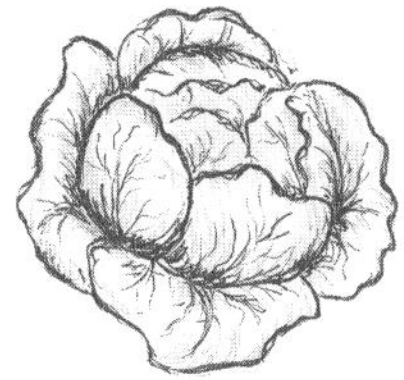

Krautstrudel

mit Variationen (siehe Seite 62 u. 63)

Strudelteig für 2 Strudel:	tiefgefroren verwenden oder
aus 250 g Mehl	
1/8 l Wasser	- leicht angewärmt -
etwas Salz	und
60 g weiche Margarine	einen Strudelteig herstellen. Den weichen Teig bearbeiten und kneten, bis er geschmeidig und glänzend ist. Mit
Öl	bestreichen und 10 Minuten an einem warmen Ort ruhen lassen.
1 Weißkrautkopf	
(1 1/2 - 2 Pfd.)	putzen, Strunk entfernen, fein hobeln oder schneiden,
50 g Fett	im Topf erhitzen,
2 Zwiebeln	fein geschnitten, darin leicht andünsten, Kraut zugeben. Mit
1 EL. Zucker	
1 TL. Kümmel	
etwas Pfeffer	und
etwas Essig	unter ständigem Rühren leicht anbräunen.
1/4 l Brühe	zugießen und 20 Minuten dünsten. Bei Bedarf aufgießen.
1 El. Mehl	nach Belieben auch mehr, mit
Wasser	anrühren, das Kraut damit binden und abkühlen lassen.
<u>In der Zwischenzeit:</u>	den Strudelteig auf einem Küchentuch so dünn wie möglich ausrollen und mit den Händen noch weiter ausziehen. Mit
Öl	bestreichen, die erkaltete Krautmasse darauf verteilen. Mit Hilfe des Küchentuches aufrollen. Teigseiten einschlagen, damit die Füllung nicht ausläuft.

Auf ein mit Backpapier belegtes Blech legen und bei 200°C auf der unteren Schiene des Backofens 40-50 Min. backen. Öfters mit heißem Fett bestreichen, damit der Strudel eine schöne Kruste bekommt.

Eingewickelte Bratwürste

Rezept Strudelteig: Seite 61

Es werden, wenn die Krautmasse auf dem Strudelteig aufgebracht ist, 2 große Bratwürste der Länge nach aufgelegt und in den Strudel mit eingewickelt. Es lassen sich genau so gut auch Wienerle, Knackwürste oder andere Würstchen verwenden.

Krautstrudel mit Speck

Rezept Strudelteig: Seite 61

200 g geräucherten, durchwachsenen Speck

in Würfel schneiden, leicht anbraten und zur Krautmasse geben. Es können auch Reste von Braten mit verwendet werden, oder angebratenes Hackfleisch.
Geraspelte Nüsse verfeinern den Strudel.

Würzvariation: Bohnenkraut, Majoran, Petersilie

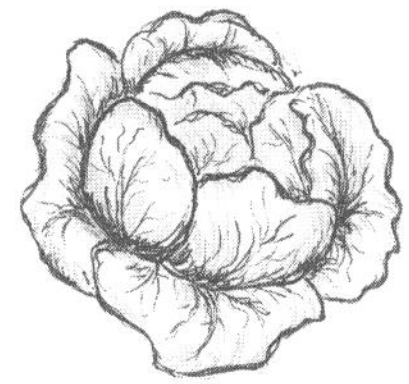

Krautstrudel mit Käse

Strudelteig, Rezept Seite 61

	Aus
1 kg Weißkraut	blanchiert und mittelfein geschnitten.
1 Zwiebel	gewürfelt und in
50 g Fett	leicht angebräunt, sowie
200 g Käse	gerieben,
etwas Pfeffer	und dem Kraut, gewürzt mit
Muskat	pikante Füllung bereiten, auf ausgerolltem Strudelteig verteilen, aufrollen, mit
etwas Fett	bepinseln und ca. 30 Min. im vorgeheizten Ofen backen.

Variante: Der Strudelfüllung kann gewürfelter, gekochter Schinken oder auch kleingeschnittene Rohwurst beigegeben werden.

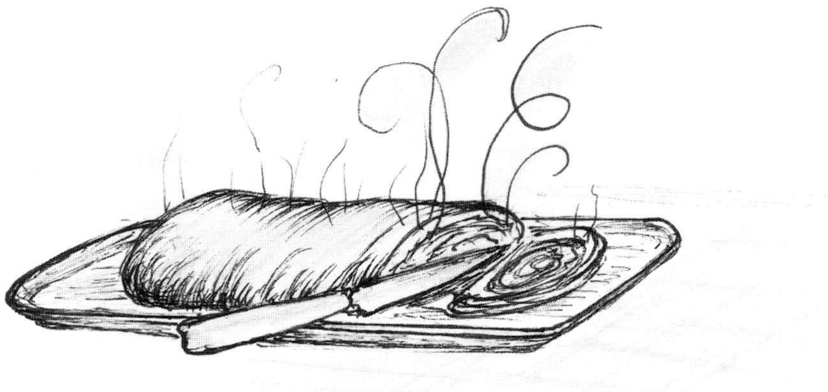

Pichelsteiner

– altes, überliefertes Kochkistenrezept –

1 Pfd. Schweinsbrust	würfeln und im Tiegel (Topf) in
etwas Fett	gut andünsten.
1/2 Krautskopf	in Streifen und dann in Stücke teilen.
1 gr. Kohlrabi,	
2 gr. Gelbe Rüben,	
1/4 Sellerieknolle,	
3 gr. Kartoffeln,	
1 gr. Zwiebel	in Würfel schneiden
2 Lauchstangen	in 2 cm gr. Stücke teilen. Alles abwechselnd in den Tiegel schichten. Dazwischen
etwas Salz	und
Bohnenkraut	streuen.
3/4 l Wasser	zugeben. Das Gericht 20 Minuten ankochen, 2 Std. in die Kochkiste stellen. So war´s einmal.
oder:	im normalen Topf 40-50 Min. bei schwacher Hitze kochen.
oder:	im Dampftopf, Kochzeit maximal 10 Minuten. Aufkochen bis der 2. Ring sichtbar ist, abschalten und auf der Kochplatte stehen lassen. Nach ca. 10 Min. abkühlen und öffnen.

Dem Pichelsteiner können, je nach Geschmack und Angebot, Blumenkohl, Bohnen, Erbsen, usw. zugegeben werden.

Krautwickel Oma´s Art

1 gr. Krautskopf	putzen, Strunk entfernen, in
Salzwasser	halb weich kochen, ca. 8 Blätter ablösen,
	dabei die dicken Rippen abflachen und mit
Salz, Pfeffer	würzen. Aus
1 Pfd. Hackfleisch	
1 Ei	
1 Semmel	eingeweicht und gut ausgedrückt,
Salz, Pfeffer, 1 Zwiebel	fein geschnitten,
Majoran	einen Hackfleischteig herstellen. Die Hälfte des restlichen Krautskopfes fein schneiden und unter die Hackfleischmasse mischen. Diese auf die Krautblätter verteilen, rollen und mit
Haushaltszwirn	umwickeln, in
etwas Fett	anbraten, bis sie ringsherum bräunlich sind.
1/4 l Brühe	zugießen. 1/2 Std. gar dünsten, wenn nötig nochmals etwas Brühe nachgießen. Mit
saurer Sahne	verfeinern. Dazu passt: Kartoffelbrei oder Kartoffelsalat.

Ganz schnell sind Krautwickel zubereitet, wenn Sie fertiges Bratwurstgehäck mit etwas kleingeschnittenem Kraut mischen und als Füllung verwenden.

Fränkischer Weißkrautbraten

1 Weißkrautkopf ca. 1 1/2 Pfd.	5 Min. in Salzwasser leicht kochen, abtropfen lassen, 8 Blätter abnehmen, zur Seite legen. Das übrige Kraut, ohne die harten Blattrippen, in Streifen schneiden und mit
1 große Zwiebel	grob geschnitten,
1 Pfd. Hackfleisch	oder feingeschnittene Bratenreste, mit
Salz, Pfeffer, Majoran, Kümmel, Bohnenkraut oder Lorbeerpulver	würzen, gut mischen und kurz in einer Pfanne mit
4 EL Fett	anbraten.
1 Glas Frankenwein	zugießen und untermischen. Eine gefettete Auflaufform mit 4 großen Krautblättern auslegen, Füllung darauf verteilen und mit den restlichen 4 Krautblättern abdecken.
Geräucherten Speck	in dünnen Scheiben auf die Krautblätter legen. Bei 225° C 45 Min. überbacken.

Einige EL süße Sahne darüber, verbessern das ohnehin schon gute Gericht.
Man kann in den Braten auch 2 hartgekochte Eier einlegen.

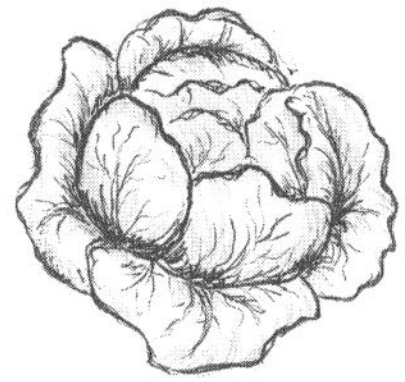

Oma´s Krautbraten

1 Krautskopf (mittelgroß)	putzen, Strunk entfernen, in Salzwasser ankochen, in grobe Stücke schneiden. Aus
1 Pfd. Hackfleisch,	
1 Ei	
1 Semmel	eingeweicht,
2 Zwiebeln	fein geschnitten,
Majoran, Salz, Pfeffer	einen Hackfleischteig herstellen. Eine Auflaufform einfetten, abwechselnd Krautstücke und Hackfleischteig einschichten. Mit dünnen
Rauchspeckscheiben	belegen und ca. 45 Min. im Ofen backen.

Kartoffelbrei und Salzkartoffeln schmecken gut dazu.

Krautbraten

einfach aber gut
(nach einem sehr alten Rezept)

1 Krautskopf	
(ca. 2 Pfd.)	wird geteilt, geviertelt und der Keng (Strunk) entfernt. Das Kraut wird etwas weichgekocht und wenn es abgekühlt ist klein geschnitten, oder durch den Fleischwolf gedreht.
1/2 Pfd. Kartoffel	gekocht, vom Vortag, werden fein gerieben oder ebenfalls durch den Fleischwolf gedreht.
1 gr. Zwiebel	fein schneiden und mit reichlich
Petersilie	in
2 EL Schmalz	leicht andünsten.
1 Pfd. Hackfleisch	
(vom Schwein)	und
2 Eier	zugeben.
2 EL Mehl	darüberstreuen, mit
Majoran oder Bohnenkraut,	
Salz und Pfeffer	abschmecken und alles gut vermischen. Sollte die Masse zu weich sein,
etwas Semmelbrösel	dazugeben. 2 längliche Laibe formen und auf einem gefetteten Blech in der Röhre braten (ca. 1 Std.). Immer wieder mit heißem Fett begießen, salzen und pfeffern, damit es eine schöne Kruste gibt.

Besonders gut wird der Braten, wenn man ihn in ein Netzlein wickelt, welches man aber beim Metzger bestellen muß.

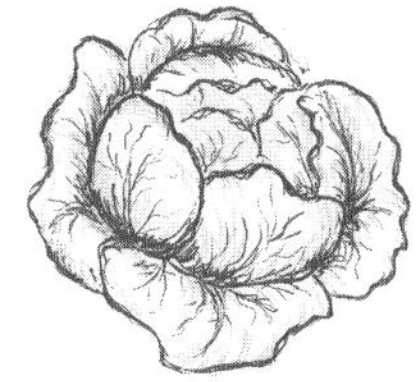

Buntes Gemüse mit Weißkraut

für 4 Personen

1 kleinen Krautskopf	fein schneiden,
1 Pfd. Kartoffeln,	
3 große Gelbe Rüben,	
1/4 Sellerieknolle	
1 Petersilienwurzel	würfeln.
1 kleinen Blumenkohl	in Röschen geteilt, wenn vohanden
einige Brokkoliröschen	in einem Topf in
100 g Butter	andünsten.
1/2 l Wasser od. Brühe	aufgießen und bißfest garen.
	Nach Belieben können
Maiskörner	untergehoben werden. Mit
weißem Pfeffer	
Salz, Muskat	und
vielen frischen Kräutern	würzen.

Dazu passen bestens
Naturschnitzel.

Gebackenes Kraut mit Fleisch

altes fränkisches Rezept
(für 6 Personen)

2 Pfd. Weißkraut	putzen, in 4 Stücke teilen. Keng (Strunk) entfernen, in
Salzwasser	1/4 Std. kochen und auf einem Seiher (Sieb) abtropfen lassen
1/2 Pfd. Schweineschulter	in bißgroße Stücke schneiden. In einer Pfanne
2 EL Schmalz oder Butter	zerlaufen lassen und das Fleisch darin anbraten.
3/4 Pfd. Schweine-hackfleisch	zugeben und ebenfalls mit anbraten. Immer umrühren.
1 gr. Zwiebel	feinschneiden und dazugeben. Mit
1 Becher Wein oder Most	aufgießen und leicht kochen lassen. Zwischendurch
1 alte Semmel	in
Milch	einweichen und fest ausdrücken, mit
1oder 2 Eier	in eine große Schüssel geben. Das erkaltete Weißkraut zerkleinern und zugeben. Mit
Salz, Pfeffer, Kümmel, Majoran, etwas Bohnenkraut und Petersilie	würzen und gut vermengen. Nach dem Abschmecken in eine gut gefettete Form geben, etwas
Rahm	darüber gießen und mit
Speckscheiben	belegen. Backzeit ca. 45 Min. bei 200°C. Nach unserem alten Rezept wurde es im Holzherd 1 1/2 Std. langsam gebacken.

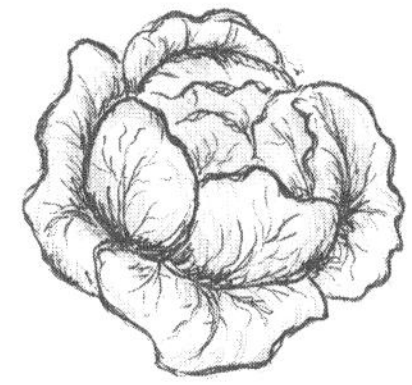

Bunte Gemüsesulze

mit Weißkraut

8 gr. Krautblätter	in reichlich
Wasser	leicht gesalzen, mit
1/2 EL Essig	
etwas Muskat	
weißem Pfeffer	abgeschmeckt, ca. 5 Min. kochen, kalt abschrecken und eine Kastenform sorgfältig mit 6 Blättern auslegen.
6 Bl. Gelatine	einweichen, die restlichen
2 Krautblätter	in feine Stückchen schneiden.
100 g Blumenkohl	
100 g Brokkoli	in Röschen teilen
100 g Karotten	
100 g Zucchini	
100 g Champignons	klein schneiden und im Krautsud bißfest dünsten, herausnehmen und erkalten lassen. Alles zusammen abwechselnd in die ausgelegte Kastenform legen.
1/4 l Gemüsebrühe	und Gelatine erhitzen. Mit
Muskat, Zitronensaft	würzen und abschmecken. Das Gemüse damit übergießen und die Krautblätter darüber zusammenschlagen. Kühl stellen und fest werden lassen.

Diese Gemüsesulze kann, je nach dem was der Garten gerade bietet, verändert werden.
Junge Bohnen, Erbsen, usw. sehen sehr gut darin aus.
Maiskörner aus der Dose passen dazu, ebenso in Streifen geschnittener, gekochter Schinken oder auch hart gekochte Eier.

Gefüllte Kalbsbrust

1 kg Kalbsbrust	vom Metzger eine Tasche einschneiden lassen, innen und außen salzen, pfeffern und mit Paprika bestreuen.
Für die Füllung:	
400 g Weißkraut	in kleine Stücke schneiden.
1 Zwiebel	klein schneiden
Petersilie	fein hacken
1 harte Semmel	in
Milch	einweichen
3 Eier	
400 g Hackfleisch	alles gut vermengen. Mit
Salz, Pfeffer	würzen. Die Füllung abschmecken, in die Kalbsbrust füllen, zustecken oder nähen. In der Bratpfanne in
2 EL Butter	ringsum anbraten.
1 Zwiebel	und
Wurzelwerk	klein schneiden, kurz mitbraten und mit
1/4 l Brühe	ablöschen. Im vorgeheizten Backofen bei 200° C ca. 1 1/2 Std. unter häufigem Begießen braten, Fleisch herausnehmen, warmstellen. Bratensoße mit
1/8 l saurer Sahne	binden, würzen und abschmecken.

Weißkraut mit Hammelfleisch

aus dem Schnellkochtopf

1 Pfd. Hammelfleisch	
(ohne Knochen)	in kleine Würfel schneiden.
1 Zwiebel	fein schneiden,
4 EL Öl	im Schnellkochtopf erhitzen. Fleisch und Zwiebeln rundum anbraten.
1 Weißkrautkopf	
(ca. 800 g)	klein schneiden
300 g Gelbe Rüben	in Scheiben schneiden
300 g Kartoffeln	grob gewürfelt zugeben und mit
1/2 l Fleischbrühe	
(auch Würfelbrühe)	übergießen.
1 Lorbeerblatt	
oder -pulver	und
1 Prise gem. Kümmel	dazugeben.
	12 Minuten in geschlossenem Topf garen.
	Evtl. mit Pfeffer und Knoblauch abschmecken.

Weißkraut mit Käsesoße überbacken

2 Pfd. Weißkraut	putzen, waschen, Strunk entfernen, in fingerbreite Streifen schneiden oder hobeln.
50 g Butterschmalz (oder anderes Fett)	erhitzen, Kraut darin kurz andünsten.
Etwas Salz	zugeben, mit
1/8 l Wasser	aufgießen, 20 Min. weiterdünsten, herausnehmen abtropfen lassen. Aus
30 g Butter 40 g Mehl	eine helle Einbrenne bereiten. Mit
1/8 l Gemüsebrühe (vom Kraut)	und
1/4 l Milch	ablöschen und aufkochen.
2 Schmelzkäseecken	unterrühren und mit
1 Eigelb	zu einer Soße verquirlen. Mit
Salz, Muskat, Petersilie	(fein geschnitten), abschmecken. Das Kraut in eine gefettete Auflaufform füllen, Soße darübergießen. Mit
Semmelbrösel	bestreuen und Butterflöckchen aufsetzen. 20-25 Min. bei 220-225° C backen.

Zur Verfeinerung können dünne Streifen geräucherter Speck, oder gekochter Schinken in Streifen kreuzweise aufgelegt werden.

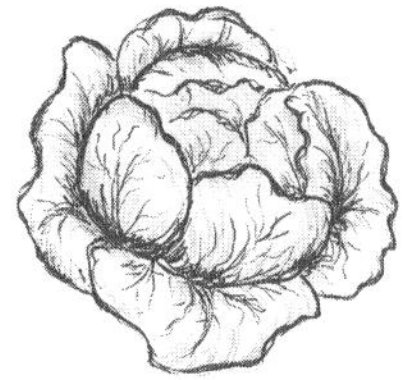

Überbackenes Kraut

mit Tomatenfüllung

1 Krautskopf (ca. 1 kg)	in kochendem Salzwasser ankochen, 6 große Blätter ablösen, das übrige Kraut klein schneiden.
1/2 kg Tomaten	kurz in heißes Wasser geben und Haut abziehen (oder Tomaten aus der Dose).
3 große Zwiebeln	grob schneiden
250 g Schinkenspeck	in Streifen schneiden. Ca. 2/3 des Specks in
etwas Fett	anrösten, Zwiebeln kurz mitdünsten. Die Tomaten und
3 Lorbeerblätter (besser Lorbeerpulver)	zugeben, geschnittenes Kraut zufügen und schmoren, bis die Flüssigkeit ziemlich verdampft ist.
60 g Reis	vorgekocht, untermengen. Mit
etwas Salz	und
Pfeffer	würzen. Mit den Krautblättern eine feuerfeste, gefettete Form auslegen. Die Krautmischung hineingeben. Aus
1 EL Butter, 1 EL Mehl	Buttermehlkloß, in
1/4 l Milch	aufkochen,
1/8 l saure Sahne	und
1/2 Pfd. ger. Emmentaler	zugeben, mit
Salz, Pfeffer, Muskat	würzen. Die Soße über den Auflauf geben, restlichen Schinkenspeck darüber verteilen und im Backofen 25-30 Minuten bei 200-225°C überbacken.

Krautrouladen

mit Champignon-Reis-Fülle

1 gr. Krautskopf	kurz in kochendes Salzwasser geben, bis sich 8 große Blätter abnehmen lassen. Blattrippen abflachen und auf einer Platte auflegen. Die nächsten Blätter werden, soweit angekocht, abgenommen und in feine Streifen geschnitten. Den Rest des Krautes für Krautsalat verwenden.
3 EL Butter	in einen Topf geben und darin
1 mittelgr. Zwiebel	fein gewürfelt
150 g Champignon	blättrig geschnitten
2 gr. Gelbe Rüben	längs geschnitten
100 g ger. Speck	in längliche Streifen geschnitten, alles kurz andünsten. Die aufgelegten Kohlblätter dünn mit Senf bestreichen, Zwiebeln, Champignons,
1 Tasse Reis	(vorgekocht) und
2 EL Nüsse	(geraspelt) darauf verteilen. Die Gelbe Rüben und die Speckstreifen in Längsrichtung legen, nach Geschmack mit
Salz und Pfeffer	würzen,
Petersilie	darüberstreuen. Die 8 Blätter zu Rouladen wickeln und mit Küchengarn binden. In
3 EL Fett	von allen Seiten anbräunen.
1 Tasse Wasser	zugießen und ca. 20 Min. schmoren lassen. Die sich gebildete Bratensoße mit
1 Eigelb	binden und abschmecken.

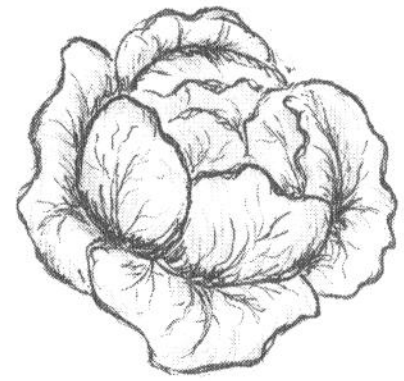

Delikate Krautrouladen

8 - 10 Stück

2 Pfd. Weißkraut	den geputzten Kopf in reichlich
Salzwasser	30 Min. kochen, herausnehmen und in einzelne Blätter zerteilen. Strunk nicht verwenden. Von den großen Blättern die Rippen entfernen und 8-10 Blätter für die Rouladen auflegen. Sollten sie nicht reichen, können auch 2 oder 3 kleinere Blätter für einen Wickel verwendet werden. Den Rest klein schneiden.
Füllung:	
1/2 Pfd. gepökelte Ochsenzunge	in feine Würfel schneiden und mit
1 Pfd. grobes Schweinehackfleisch	in eine große Schüssel geben.
100 g Walnußkerne	feingehackt und das kleingeschnittene, restliche Kraut mit
1/2 EL Selleriesalz	
etwas Pfeffer, Thymian	
100 g Gutsleberwurst	
1/2 Tasse Dosenmilch	
1 EL Salz	zugeben und alles gut mischen. Ist die Mischung zu weich, Semmelbrösel zugeben. Die Füllung abschmecken und auf den ausgelegten Blättern verteilen. Die Seiten der Blätter einschlagen und aufrollen. Mit Küchengarn binden.
Reichlich Butter	in einer großen Pfanne zergehen lassen. Die Rouladen darin ringsum anbraten. In einer Kasserolle
Rahmbratensoße	nach Anleitung bereiten.
1 Becher saure Sahne	mit
1 EL Tomatenketchup	untermischen. Die Rouladen zur Soße in die Kasserolle geben und ca. 40 Min. bei schwacher Hitze garen. Mit Kräutern nach Geschmack überstreuen.

Krautwickel in Pilzragout

1 Weißkrautkopf	putzen und den Strunk keilförmig herausschneiden.
(mittelgroß)	Den ganzen Kopf in reichlich
Salzwasser	einige Minuten kochen, bis sich 8 äußere Blätter lösen lassen.
	Die dicken Blattrippen flach abschneiden.
1 Zwiebel	und
1 Bund Petersilie	fein hacken. Beides zu
500 g gem. Hackfleisch	geben und mit
1 Ei	
1 Tasse Sojasprossen	
2 EL Haferflocken	gut vermischen. Mit
Salz und Pfeffer	abschmecken und die Fleischmischung auf den 8 großen
	Blättern verteilen, aufrollen und binden.
1 Zwiebel	fein hacken, in einer tiefen Pfanne mit Deckel
2 EL Fett	erhitzen und die Rouladen darin
	leicht anbraten. Mit
1/8 l Brühe	aufgießen, Deckel schließen und 15 Min. garen.
Für´s Ragout: 400 g Pilze	frisch oder aus der Dose mit
1 EL Zitronensaft	beträufeln
1 EL Fett	in einer Pfanne zerlassen
50 g durchw. Speck	klein würfeln und darin anbraten. Die Pilze zugeben, mit
	einem Teil der restlichen Fleischbrühe aufgießen, alles
	zum Krautwickelfond geben. Mit
hellem Soßenbinder	eindicken, mit
4 EL Sahne,	
2 EL Creme Fraiche,	
Salz, Pfeffer	abschmecken.

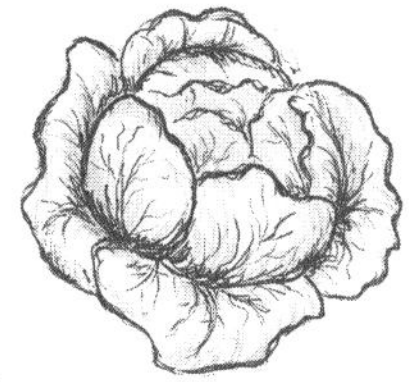

Krautwickel mit Champignons

	Einen geputzten
Krautskopf (ca. 2 Pfd.)	in Salzwasser leicht ankochen, 8 äußere Blätter ablösen, Rippen abflachen, das Kopfinnere fein hacken.
1/2 Pfd. Zwiebeln	würfeln,
1/2 Pfd. Champignons	putzen und klein schneiden, beides in heißem
Fett	dünsten bis die Flüssigkeit verdampft ist. Aus
2 Eier	
Salz, Pfeffer und	
Paprika	und dem gehackten Kraut, den Pilzen und Gewürzen eine Mischung bereiten. Fleischmasse auf den Krautblättern verteilen, seitlich einschlagen, aufrollen und mit Zwirn umwickeln.
3 EL Fett	in einer großen Pfanne erhitzen, die Krautwickel ringsum anbraten,
1/8 l Wasser	zugießen, Deckel darauf und ca. 1/2 Std. fertig schmoren.
etwas Mehl	in
1/8 l Sahne	anrühren und die Soße damit binden, abschmecken und servieren!

Krautwickel mit Nußfülle

Einen mittleren Krautskopf	in Salzwasser leicht ankochen, 4 große und 4 kleine Blätter ablösen, Rippen abflachen, vom Rest 250 g ganz fein schneiden. Aus
200 g Schweinehackfleisch	und dem feingeschnittenen Kraut
150 g geriebenem Käse	
100 g geriebene Nüsse	
2 Eiern	
1 Zwiebel	eine Fülle herstellen und mit
Muskatnuß	
Salz, Pfeffer	
und Petersilie	würzen. Auf die großen Blätter Pfeffer streuen, Fülle aufstreichen und aufrollen. Mit den kleinen Blättern fest zuwickeln, in eine mit
20 g Fett	ausgestrichene Form geben und mit Butterflöckchen belegen. Bei 180°C 35 - 40 Min. im Rohr backen.

Und nun das liebe Sauerkraut

Die Herstellung des Sauerkrautes

In alter Zeit und heute

Früher machte fast jeder bäuerliche Haushalt und auch viele in der Stadt im Herbst das Sauerkraut für den Winterbedarf selbst ein.

Die Krautsköpfe wurden geputzt, das heißt, von den äußeren, harten Blättern befreit. Der Krautschneider, der damals von Haus zu Haus ging, war bestellt und erschien zur vereinbarten Zeit pünktlich in weißer Schürze, gut ausgerüstet mit Krautbohrer und Krauthobel unterm Arm oder am Schulterriemen. Der Hobel wurde aufgebaut, von den Krautsköpfen der Strunk herausgebohrt, besonders große Köpfe halbiert und so Krautskopf für Krautskopf in den Hobelkasten gelegt. Dieser wurde dann solange zügig hin und hergeschoben, bis die oft recht großen Mengen geschafft waren. Das feingeschnittene Kraut fiel auf ein weißes, großes Leintuch, das unter dem Hobel auf dem Fußboden ausgebreitet war.

Ein vom Büttner extra hierfür gefertigter Krautbottich, die Krautskufe, die im Gegensatz zum Fleischstubich (Fleischbottich) oben weiter war als unten, wurde mit Krautblättern ausgelegt. Darauf kam eine Schicht Kraut nach der anderen, mit Salz und Gewürzen vermischt. Das Kraut wurde früher mit den bloßen Füßen eingetreten, eingestampft und zwar so intensiv, daß der sich bildende Krautsaft das Kraut bedeckte. Man kann sich vorstellen, daß das zwar anstrengend, aber für alle Beteiligten, vor allem für die Kinder, ein großer Spaß war (ob sie wohl zuvor die Füße gewaschen hatten?).

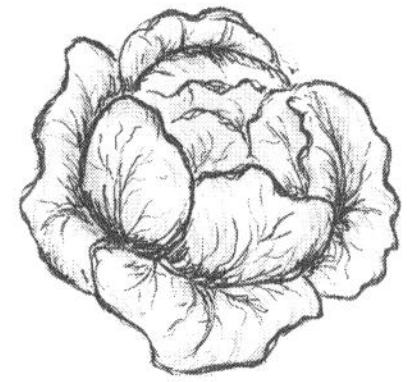

Später wurde das Einstampfen mit einem hölzernen Krautstampfer erledigt. Diese Arbeit mußten nun die Arme leisten. War die Krautskufe gefüllt, wurde alles mit dem Krauttuch, einem weißen Leintuch abgedeckt, mit Holzbrettern belegt und mit Steinen beschwert. Ein paar Wochen später konnte schon das erste Sauerkraut entnommen werden. Es war Herbst und man hatte den Wintervorrat im Hause.

Heute geht auch in der Stadt der Trend wieder dahin, sich selbst Kraut einzumachen. Sauerkraut selbst herzustellen ist keine Kunst. Es ist einfach, macht Spaß und Freude und man weiß, was man hat. Die entsprechenden Gewürzzutaten, nach eigenem Geschmack, machen es zu einer echten Delikatesse.

Man braucht ein geeignetes Gefäß, am besten einen Steinzeug- oder Salzglasurtopf, oder auch einen kleinen Holzbottich, der aber ganz rein und nicht mit Lack oder Öl behandelt sein darf. Entsprechend der Größe des Gefäßes nimmt man schöne gesunde Weißkrautköpfe. Die äußeren, harten Blätter entfernt man, halbiert den Kopf, schneidet den Strunk heraus und hobelt ihn in beliebig breite Streifen. Den Boden des Topfes kann man mit sauberen Krautblättern, Weinblättern, Kirschblättern, Dillstengeln, usw. auslegen. Das gehobelte Kraut schichtet man lagenweise ein, dazwischen kommt auf 1 kg ca. 15 höchstens 20 g Salz und die Gewürze. Diese können, ganz nach Geschmack Fenchel, Kümmel, Estragon, Wacholderbeeren, Weintrauben, usw. sein. Auch säuerliche, fein geschnittene Äpfel, ca. 50 g auf 1 kg, geben einen guten Geschmack. Es kann auch immer wieder ein Schuß Weißwein zugegeben werden, dann wird es zu Weinsauerkraut. Ein Löffelchen Zucker schadet nicht, es fördert die Gärung. Jede Lage wird mit einem Holzsstampfer so festegestampft, daß Saft austritt.

Dieser sollte dann, wenn alle Lagen eingeschichtet und gestampft sind, das Kraut gut bedecken. Nun wird alles mit einem sauberen Leintuch abgedeckt. Darauf kommt ein Holzbrett oder ein Teller, der mit einem sauberen Stein beschwert wird, so daß das Kraut immer mit Saft bedeckt ist. Das Kraut ist dadurch luftdicht abgeschlossen. Bläschen, die sich bei der Gärung bilden, können trotzdem entweichen. Nach zwei bis drei Wochen ist das Sauerkraut fertig. Die Gärung läßt sich beschleunigen, wenn der Topf die ersten Tage an einen etwas wärmeren Ort gestellt wird.

Danach muß er dann aber unbedingt kühl stehen.

Der schwäbische Dichter Ludwig Uhland (1787-1862) hinterließ uns folgendes originelle Gedichtchen:

"Und dann das edle Sauerkraut,
wir dürfen's nicht vergessen:
ein Deutscher hat's zuerst gebraut,
d'rum ist's ein deutsches Essen.
Wenn so ein Fleisch'chen weich und mild
im Kraute liegt, das ist ein Bild
wie Venus in den Rosen!"

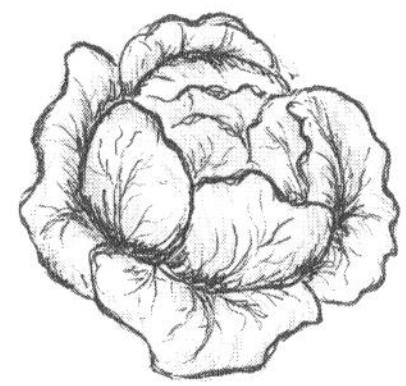

Was geschieht nun in dieser Zeit?

Der Weg vom Kraut zum Sauerkraut verläuft über die Milchsäuregärung. Diese ist das älteste, natürlichste Verfahren zur Konservierung von Gemüsen. Bei diesem Vorgang handelt es sich um eine Säuerung, die durch das Wachsen der Milchsäurebakterien entsteht. Durch Milchsäure wird das Gemüse konserviert, also haltbar gemacht. Kraut wird zu Sauerkraut. Milchsäure wirkt günstig auf unsere Darmflora und ist Nährboden für nützliche Darmbakterien und gleichzeitig ein Entgiftungsmittel für unseren Darm. Sauerkraut enthält reichlich Vitamine, vor allem Vitamin C und wertvolle Mineralstoffe. Die vielen Ballaststoffe des Sauerkrautes wirken wie ein Darmbesen und entschlacken den Körper. Sie geben dem Magen Füllstoff, das Hungergefühl tritt nicht so schnell auf und wenn man nicht allzuviel fettes Fleisch und Beilagen dazu ißt, dann ist Sauerkraut der ideale Schlankmacher.

Wünschen Sie weitere Informationen, darf ich Sie auf die Staatliche Beratungsstelle für Ernährung und Hauswirtschaft im Amt für Landwirtschaft in Ansbach, hinweisen.

Lob des Sauerkrautes

Volkslied um 1720

Ein Schwein und ein Faß Sauerkraut
Ein guter Vorrath ist,
In theurer Zeit mir garnicht graut:
Wann mich darnach gelüst,
Da thun wir von Speck-Seiten
Ein Brätlein zubereiten,
Ergreifen die Gabel
Und spicken den Schnabel:
Hohoho, o Sauerkraut!

Sauerkraut mit Mehl vermischt
Gehört für das Gesind,
Die Griefen zuvor ausgefischt.
Bis auf das letzte Rind.
Sauerkraut und Eier
Das schmeckt ja wie der Geier,
Drum hurtig mich setze,
Die Zähne darauf wetze:
Hohoho, o Sauerkraut!

Ein Karpfen läßt sich essen
In einer sauern Brüh,
Muskaten nicht vergessen,
Zitron, Muskaten-Blüh.
Und wann das Kraut ist recht gesauert
Und liegt mit Speck ummauert,
Da schmeckt es, mein Treue,
Wie Butter im Breie:
Hohoho, o Sauerkraut!

Ein Hecht mit Sauerkraut gefüllt,
Rosinen drein gethan,
Gar bald das Magenfieber stillt,
Wann gut Gewürz daran;
Alsdann mit Hirschebrei
Schlung das Kraut hinei,
Das speiset den Leibe,
Dies bereite, mein Weibe:
Hohoho, o Sauerkraut!

Wanns Kraut von Fette tropfet,
Da kann mans feine schlingen,
Daß's Herz im Leibe so hopfet,
Wie junge Mädchen springen.
Wanns Kraut ist recht gemengt,
Mit Griefen eingesprengt,
Da finkelt das Bartel
Von fetten Schwein-Schwartel:
Hohoho, o Sauerkraut!

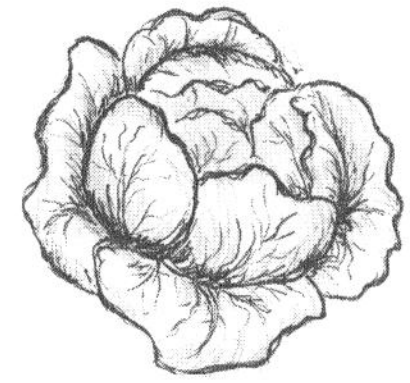

Die Kirchweih

die alljährlich in der ersten Septemberwoche stattfindet, ist wohl die Zeit, in der in Merkendorf das meiste Sauerkraut gegessen wird. Es ist eine alte Tradition, daß es schon am Mittwoch oder Donnerstag vorher "Metzelsuppe" oder "Schlachtschüssel" gibt. Die Bürger, die selbst nicht schlachten, holen sich, wie früher so auch heute noch, in eigenen Kannen und Töpfen die Kessel- oder Metzelsuppe und die Siedewürste, das sind Blut- und Leberwürste, nach Hause. Das Sauerkraut wird daheim selbst gekocht, denn da hat jede Hausfrau ihre eigene, spezielle Zubereitungsart.

Beim Wirt stellen sich zu Mittag schon die ersten Kirchweihgäste ein. Sie kommen aus nah und fern, um die frischen Schlachtplatten und das gute Kraut zu genießen. Es sind Tage des Frohsinns und der Heiterkeit.

In den Familien finden zur Kirchweih meist richtige Familientreffen statt. Die nach auswärts geheirateten Kinder kommen mit ihrem Nachwuchs heim, um am Kirchweihtreiben teilzunehmen. Eingeheiratete oder Zugezogene laden Eltern, Geschwister und Freunde ein. Besucher aus den Nachbarorten, viele Gäste, auch von weit her, erscheinen alljährlich zur Kirchweih und lassen sich´s gut schmecken.

Die Wirte haben Hochbetrieb und man kann sich kaum vorstellen, wieviel Töpfe Sauerkraut da in den Küchen gekocht werden. Jede Menge Bratwürste, Knöchle, Schäufele, Blut- und Leberwürste und das im Kraut mitgekochte Fleisch werden da verzehrt. Nachmittags gibt´s dann nicht nur Kaffee und Kuchen, sondern natürlich die bekannten, guten Kirchweihküchle. Am Abend geht´s dann erst richtig los. Es wird getanzt, gegessen und getrunken, eben richtig Kirchweih gefeiert und so mancher ist dann natürlich nicht mehr "ganz gesund", und hier tut dann unser Sauerkraut wieder gute Dienste.

siehe Katerfrühstück **- Rezept auf der nächsten Seite!**

Katerfrühstück

500 g Sauerkraut	
2 gr. Zwiebeln	fein geschnitten,
1 gr. Knoblauchzehe	ganz klein gehackt,
1 Dillstengel	fein geschnitten,
reichlich Paprika	(rot, gelb, grün) gewürfelt und
500 g Geräuchertes	
(durchwachsen)	in
1 l Wasser	solange kochen, bis das Fleisch weich ist. Fleisch herausnehmen, würfeln und wieder zugeben.
100 g Speck	in Stücke schneiden, auslassen und mit
100 g Mettwurst	in die Suppe geben.
Paprika (süß)	würzen.
1/4 l saure Sahne	verrührt mit
1 EL Mehl	zugeben, aufkochen
	wenn nötig mit
Wasser	aufgießen. Mit
Salz und Pfeffer	abschmecken.

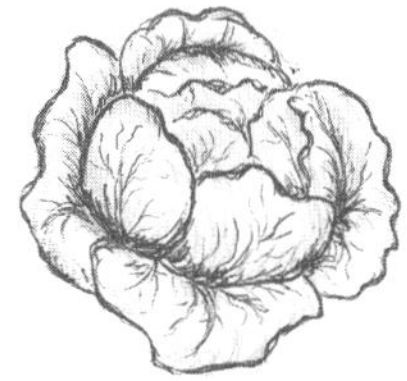

Sauerkraut

einfaches, fränkisches Rezept aus Oma´ s Kochbuch

1 EL Schweineschmalz	
oder Fett vom Braten	in einen Topf geben.
1 kl. Zwiebel	klein schneiden und ins Fett tun.
1 1/2 Pfd. Sauerkraut	
(vom Faß)	locker zupfen und die Hälfte in den Topf geben. Mit
1/2 l Wasser	aufgießen.
Wacholderbeeren	
Kümmel	
Majoran	
Bohnenkraut	nach Geschmack zugeben und den Rest Sauerkraut zufügen. Evtl. Wasser seitlich nachgießen und ca. 1/2 Std. schwach kochen. Zur Halbzeit kann man nach Belieben eine rohe Kartoffel hineinreiben, dann wird das Kraut schön sämig. Sind Äpfel vorhanden, kann man diese fein geschnitten oder geschnitzelt, ebenfalls zugeben.

Dazu Speck- oder Leberwürste. Diese werden kurz vor dem Essen auf das Kraut gelegt und heiß gemacht, aber nicht mehr gekocht. Das austretende Fett der Würste gibt dem Kraut einen ganz besonders guten Geschmack.

Weinsauerkraut ohne Fleisch

altes fränkisches Rezpt

1 gr. Zwiebel	klein geschnitten im Topf mit
100 g Gänsefett	
oder Butter	leicht anbräunen.
1 1/2 Pfd. Sauerkraut	locker zupfen, etwas klein schneiden und auf die Zwiebel geben.
Salz, Pfeffer	
Majoran	
einige Wacholderbeeren	
Zucker	nach Geschmack zugeben. Mit
1/4 l Wein	aufgießen, bei Bedarf noch etwas
Wasser	nachgießen. Kraut aus dem Faß 1 Std. kochen. Bei Kraut aus der Dose die Kochzeit verringern.

Will man das Kraut sämig haben, kann man zur Halbzeit eine rohe Kartoffel hineinreiben oder kurz vor Ende der Kochzeit etwas Mehl, in Wasser angerührt, zugeben. Danach noch einmal kurz aufkochen.

Dieses einfache, aber gute Kraut wurde schon früher zu den verschiedensten Braten, Würsten und auch zur Weihnachtsgans gerne zu Tisch gebracht.

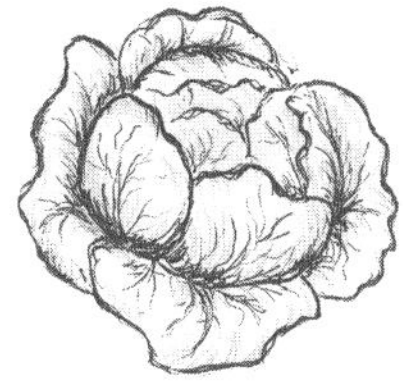

Fränkische Schlachtplatte

für mehrere Schlachtschüssel-Gäste

1 Pfd. Schweinebauch	
1 Pfd. Schweinenacken	
1 l Wasser	
1 TL Salz	zum Kochen bringen.
2 Nelken, 1 Zwiebel	
1 Lorbeerblatt	zufügen.
	Zugedeckt 1 Std. sachte kochen. Anschließend
4 frische Blutwürste	hinzugeben und heiß werden lassen, aber nicht
4 frische Leberwürste	mehr kochen, warm halten. In der Zwischenzeit
2 EL Schweineschmalz	in einem anderen Topf erhitzen.
1 gr. Zwiebel	gewürfelt darin glasig dünsten und
2 Pfd. Sauerkraut	locker in den Topf darübergeben.
etwas Majoran, 1 EL Kümmel	
1 Msp. Pfeffer	
5 Wacholderbeeren	darüber streuen und mit
1/4 - 1/2 l Wasser	auffüllen und ca. 30 - 40 Min. kochen.

In einer tiefen Platte das Kraut anrichten, die Würste und das in Scheiben geschnittene Fleisch darauf garnieren.

Ananaskraut mit Wein

2 mittelgr. Zwiebeln	in Scheiben schneiden und in
etwas Fett	andünsten.
850 g Sauerkraut	
(aus der Dose)	kurz mitdünsten, mit
1 Tasse Ananassaft	und
1 Tasse Weißwein	auffüllen.
5 Scheiben Ananas	würfeln und nach der halben Kochzeit mit
5 Wacholderbeeren	zum Kraut geben.
	Ca. 1/2 Std. leicht kochen. Mit
Salz	abschmecken.
Serviervorschlag:	Kartoffel mit Fleischküchle oder Naturschnitzel.

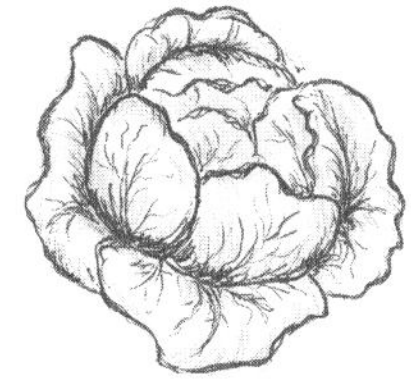

Sauerkraut "Hawaii"

1 1/2 Pfd. Kartoffeln	schälen, halbieren und ca. 15 Min. in
Salzwasser	kochen.
4 Scheiben Kassler	
(ohne Knochen)	in
50 g Schmalz	auf beiden Seiten im Topf anbraten, mit
Pfeffer	würzen.
5 Scheiben Ananas	in Würfel schneiden, davon 10 Stückchen zurückbehalten.
1 Dose Sauerkraut	mit den Ananaswürfeln auf die Kassler geben,
1/4 l Wasser	und
1 Tasse Ananassaft	zugießen.
2 Lorbeerblätter	
1 EL Wacholderbeeren	(vorteilhaft im Tee-Ei oder Leinensäckchen) zugeben und alles zusammen 20 Min. leicht kochen. Die gekochten Kartoffeln abtropfen lassen, in einer Pfanne mit
2 EL Butter oder	
Margarine	von allen Seiten leicht anrösten, mit
Salz und Pfeffer	würzen und mit reichlich feingeschnittener
Petersilie	bestreuen.

Kraut auf eine große Platte geben, mit den Petersilienkartoffeln umranden und die Kasslerscheiben darauf anrichten. Mit den zurückbehaltenen Ananasstückchen garnieren.

Krautspätzle

1 Pfd. Eierspätzle	nach Vorschrift kochen. Mit kaltem Wasser abschrecken.
1 gr. Zwiebel	in Scheiben schneiden oder hobeln und in
75 g Schweineschmalz	leicht andünsten.
1 Pfd. Sauerkraut	mit
1 kl. Tasse Weißwein	und
1/4 l Fleischbrühe	auffüllen. Mit
Majoran	
Salz, Zucker	
Lorbeerblätter	
Wacholderbeeren	würzen (voteilhaft im Tee-Ei).
	1/2 Std. zugedeckt leicht kochen lassen.
	Die Spätzle in
125 g Butter	goldbraun anbraten, salzen und pfeffern.
	Mit dem Kraut in einer
	Schüssel mischen
	und servieren.

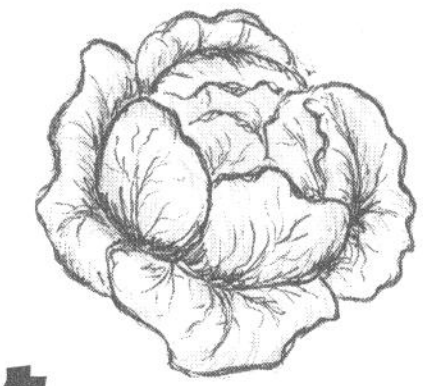

Krautwickel im Sauerkrautbett

altes Rezept, sehr fein

1 kl. Weißkrautkopf	in kochendem Salzwasser ca. 10 Min. blanchieren. Die äußeren Blätter vorsichtig für 8 Krautwickel abnehmen. Das restliche Kraut klein schneiden.
1 Pfd. Hackfleisch	
2 gr. Zwiebel	klein geschnitten
2 Eier	
50 g vorgekochten Reis	zu einer Füllung verarbeiten. Mit
Salz, Pfeffer, Majoran	würzen und auf die 8 Krautblätter verteilen, rollen und binden.
2 EL Schmalz	in einem Topf mit Deckel (oder Kasserolle) erhitzen. Das zerkleinerte Kraut und
1 Dose Sauerkraut	zugeben und ganz kurz dämpfen. Die Rouladen dicht nebeneinander auf diese Krautmischung legen.
150 g Tomatenmark	mit
1/8 l Wasser	verrühren und darübergießen. Im geschlossenen Topf im Backofen bei 200° - 225°C ca. 55 Min. garen. Anschließend noch 5 - 10 Min. ruhen lassen. Krautwickel herausnehmen und warmstellen.
2 Becher Sahne	unter die Krautmischung heben und mit
Paprika und Honig	abschmecken. Krautwickel auf dem Sauerkrautbett servieren.

Zu diesem deftigen Gericht paßt nichts besser als Kartoffeln!

Sauerkrautsemmel

Für den Teig:

1 Pfd. Mehl	in eine Schüssel geben, in die Mitte eine Mulde drücken,
1 Würfel Hefe	hineinbröckeln und mit
1/4 l lauwarmen Wasser	
1 EL Zucker	
1 Prise Salz	verrühren. Zugedeckt an einem warmen Ort ca. 15 Min. gehen lassen.

Für die Füllung:

1/2 Pfd. ger. Bauchfleisch	würfeln und anbraten.
1 Zwiebel	fein schneiden und mitdünsten
1/2 Pfd. Sauerkraut	ausdrücken, sehr fein schneiden und mit dem Fleisch und den Zwiebelstücken mischen. Zusammen mit
100 ml Öl	und
2 Eiern	zum Teig geben und solange schlagen, bis er Blasen wirft. An einem warmen Ort gehen lassen, bis sich das Volumen verdoppelt hat. Den Backofen auf 200°C vorheizen, aus dem Teig kleine Semmeln formen und etwa 20 Min. goldbraun backen.

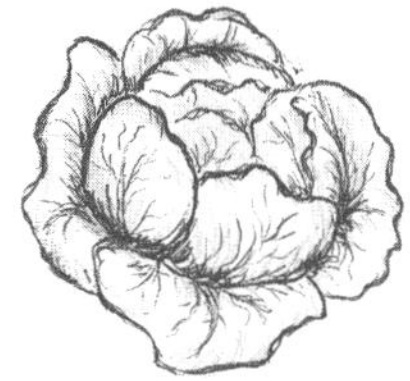

Ente mit Sauerkrautfüllung

1 Ente bratfertig	waschen, abtropfen lassen, innen und außen leicht salzen und mit
Pfeffer und Paprikapulver	einreiben. Die Innereien (Leber, Herz, Magen) klein schneiden.
1 alte Semmel	in
Milch	einweichen und ausdrücken
1 Ei	
150 g Champignons	klein geschnitten
150 g Sauerkraut	
etwas Salz, Pfeffer, Petersilie	
1 kl. Zwiebel	fein gehackt, zusammen mit den Innereien gut mischen. Sollte die Fülle zu weich sein, Semmelbrösel zugeben. Die Ente damit füllen und mit Stäbchen zustecken. Je nach Größe ca. 95 - 120 Min. braten. Etwas
Wasser	zugeben und nach Bedarf nachgießen. Nach ca. 40 Min.
Küchenkräuter	
Lauch, Sellerie, Zwiebel	
Gelbe Rüben	in die Bratenform zugeben. Zum Ende der Bratzeit Fett abschöpfen. Den Bratenfond binden und abschmecken.

Sauerkrautpizza

für 4 Teller

Pizzateig aus der Tiefkühltruhe	oder selber zubereiten aus:
400 g Mehl	in eine Schüssel sieben und in die Mitte eine Mulde drücken. In eine Tasse
knapp 1/4 l lauwarme Milch	geben und
40 g Hefe	hineinbröckeln.
1 Mssp. Zucker	zugeben, verrühren und in die Vertiefung im Mehl geben.
1 EL Mehl	darüberstreuen, das Hefeteiglein an einem warmen Ort zugedeckt gehen lassen bis es Blasen wirft. Mit
4 EL Olivenöl und 1/2 TL Salz	von der Mitte aus alles zu einem glatten Teig verarbeiten. Nochmals gehen lassen, bis sich das Teigvolumen verdoppelt hat. Den Teig in 4 Portionen teilen und jedes Stück rund ausrollen. Die Teller mit
Öl oder Margarine	einfetten. Teig darauflegen, Ränder etwas hochdrücken und belegen (siehe Rezept rechte Seite).
	Gebacken wird unsere Pizza im vorgeheizten Ofen bei 180°C ca. 35-40 Min.

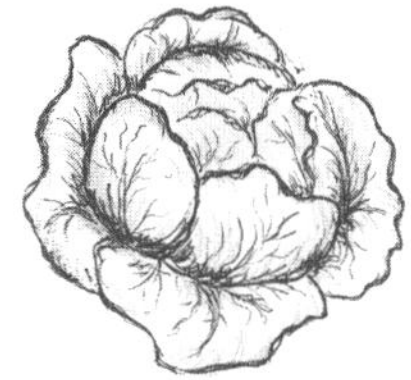

Belag für unsere Sauerkrautpizza

8 EL Tomatenmark	
4 EL Tomatenketchup	
2 Knoblauchzehen	durch die Presse drücken, mit
2 EL Olivenöl	verrühren und auf die Teigböden gleichmäßig aufstreichen.
4 Tomaten	einschneiden, kurz in heißes Wasser legen, abziehen in Scheiben schneiden und auflegen (ersatzweise Pizzatomaten aus der Dose).
2 gr. Zwiebeln	in dünne Ringe schneiden und verteilen.
Sauerkraut (ca. 700-800g)	gut abtropfen lassen und fest ausdrücken, klein schneiden und ebenfalls verteilen.
700 g gek. Schinken	in Streifen schneiden und darübergeben. Mit
etwas Pfeffer	bestreuen,
16 Rohwurstscheiben	je 4 auf eine Pizza legen,
2 Becher Créme-fraiche	gleichmäßig darübergeben, mit
Oregano u. Thymian	würzen (oder fertiges Pizzagewürz verwenden)
400 g Emmentaler	reiben und darüberstreuen.

Der Belag kann je nach Geschmack verändert werden. Ganz vorzüglich ist es z.B. wenn man auf das Sauerkraut Bratwurstgehäck verteilt und gehackte Zwiebel darüber gibt. Oder statt dessen klein geschnittenes Geräuchertes und klein geschnittenen geräucherten Speck verwendet.

Sauerkrautknödel

Resteverwertung

1 Packung Kloßteig	nach Anweisung bereiten.
Füllung:	
ca. 1 Pfd. Fleisch (Reste vom Braten oder Wurst)	in Würfel schneiden.
2 Zwiebeln	klein schneiden und in
40 g Margarine oder Bratenfett	gut anbraten. Mit
Majoran, Pfeffer Petersilie	würzen und mit
1 Pfd. gekochtem Sauerkraut (evtl Rest vom Vortag)	mischen.
	Aus dem vorbereiteten Kloßteig Knödel formen und in die Mitte die Sauerkrautmischung geben. Die Knödel in
Salzwasser	nach Anweisung kochen.

Mit Pilzsoße servieren.

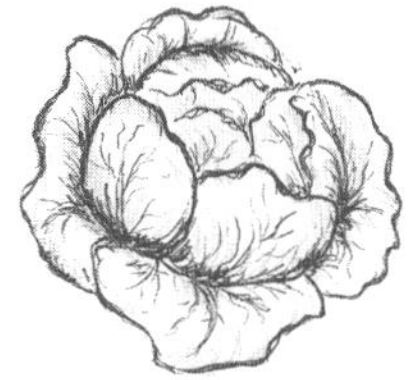

Fränkische Krautkrapfen

Nudelteig:	
1/2 Pfd. Mehl	
2 große Eier	gut miteinander verkneten
etwas Salz	zugeben und 1/2 Std. ruhen lassen.
	In 2-3 Stücke teilen und jedes Teil so dünn wie möglich ausziehen.
1 1/2 Pfd. Sauerkraut	kochen, abtropfen und auskühlen lassen, die Nudelfladen damit belegen.
2 mittelgr. Zwiebeln	und
1/2 Pfd. durchwachsenes Geräuchertes	würfeln und auf dem Kraut verteilen.
	Die Nudelfladen wie Strudel aufrollen und in 5 cm breite Stücke schneiden. Mit der Schnittfläche in eine mit
50 g Schweineschmalz	ausgefettete Form setzen, leicht anbräunen und mit
gut 1/4 l Krautbrühe	(vom Krautkochen) angießen und im Herd ca. 1/2 Std. bei schwacher Hitze backen.

Kraut für viele Gäste

Rezept von Tante Frieda aus Amerika

Wenn das in Franken geborene Ehepaar, das jetzt in Amerika lebt, viele Gäste erwartet, die sich dann ein "deutsches Essen" wünschen, dann kocht Tante Frieda, wie sie uns per Telefon übermittelt hat, natürlich Sauerkraut.
Früh, so gegen 10°°Uhr, stellt sie eine Riesenbratpfanne, in der sie sonst den größten Truthahn brät, mit ca. 4 cm dicken Bauchscheiben ausgelegt und mit 4-5 Dosen Sauerkraut darauf, in die Röhre. Gewürzt wird, wie bei uns in Deutschland, mit Wacholderbeeren, reichlich Kümmel, Majoran und Lorbeerblättern. Sie läßt es sachte bei 150°C zugedeckt dämpfen. Nach ca. 1 Stunde gibt sie zwischen das Kraut, je nach Gästezahl, einige Kotlettstücke, einige geräucherte Stücke und etwas später ein paar gekochte Rippchen. Nach einer weiteren 1/2 Stunde kommen geräucherte Bratwürste, ähnlich den unseren, ebenfalls zwischen das Kraut. Die letzte halbe Stunde gibt sie eine Art Blut- und Leberwürste, die sie in einem speziellen Geschäft bekommt, auf das Kraut und läßt sie heiß werden. Obendrauf kommt etwas brauner Zucker.
In einer Riesenschüssel hübsch serviert, findet jeder Gast seine spezielle Fleischzugabe.

Dazu gibt´s Pellkartoffeln oder amerikanisches Weißbrot.

Sauerkrautkuchen

auf dem Blech

400 g gekochte Kartoffeln	vom Vortag reiben,
1 Zwiebel	klein schneiden.
200 g Butter od. Margarine	mit
4 Eiern	schaumig rühren,
350 g Mehl	und
1/4 l Milch	abwechselnd dazugeben. Die geriebenen Kartoffeln,
	die fein geschnittenen Zwiebeln sowie
etwas Salz	und den
Saft einer Zitrone	zugeben und alles gut vermengen.
	Auf ein gefettetes Blech geben und im vorgeheizten Ofen
	bei ca. 200°C 10 Min. vorbacken.
500 g Sauerkraut	gut ausdrücken
2 kl. Zwiebeln	grob geschnitten in
1 EL Fett	etwas andünsten
2 rote Paprikaschoten	von Kernen und Häuten befreien, in dünne Streifen
	schneiden und zum Kraut geben.
350 g gek. Schinken	würfeln, dazugeben und alles gut vermischen.
	Die Mischung auf den vorgeb. Boden geben.
200 g süße Sahne	und
250 g Schmand	verrühren, mit
Salz und Pfeffer	abschmecken und über den Belag geben.
	Backzeit noch ca. 25-30 Min. bei 200°C.

Pizzasemmeln mit Sauerkraut

8 Semmeln	halbieren und leicht mit Butter bestreichen
4 Tomaten	in Scheiben schneiden und auf den Semmeln verteilen

Für den Belag:

4 EL Tomatenmark	
2 EL ÖL	
250 g gek. Sauerkraut	fein schneiden
300 g Bratwurstgehäck	
1 rote Paprikaschote	
1 grüne Paprikaschote	von Kernen und weißer Haut befreien und fein würfeln. Gut mischen und auf die Tomatenscheiben geben.
150 g geriebenen Käse	mit
1 Zwiebel	fein geschnitten, und
1/4 l Sauerrahm	gut mischen, nach Geschmack würzen und auf den Semmelhälften verteilen. Im vorgeheizten Backofen überbacken, bis die Semmelränder knusprig und etwas braun werden.

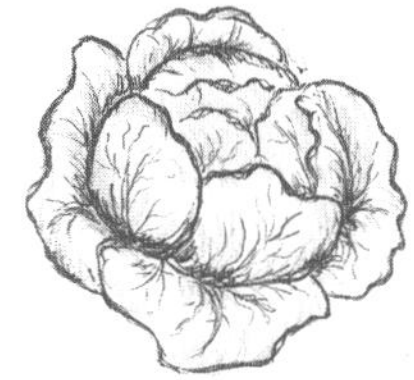

Sauerkrautroulade

4 große, dünne Scheiben	
Schweinebauch	leicht mit
Senf	bestreichen, mit
Salz, Pfeffer, etwas	
Knoblauchpulver	bestreuen.
1/2 Pfd. Sauerkraut	fein schneiden
150 g geräucherten	
durchwachsenen Speck	würfeln und anbraten
1 Zwiebel	kurz mitdünsten
1 großen Apfel	kleinschneiden, alles mit dem Sauerkraut mischen und auf den Fleischscheiben verteilen, zur Roulade wickeln und mit Stäbchen feststecken oder mit Küchengarn binden. In einem Schmortopf mit
30 g Schweineschmalz	von allen Seiten gut anbraten. Mit
1/4 l warmen Wasser	angießen und bei niedriger Temperatur ca. 30 Min. schmoren lassen. Die sich bildende Flüssigkeit binden und abschmecken.

Dazu Salzkartoffeln oder Kartoffelbrei servieren.

Szegediner Gulasch

1 Pfd. mageres Schweinefleisch	in Würfel geschnitten im Topf
in 3 EL Butter	anbraten
1 Knoblauchzehe	fein hacken.
4 Zwiebeln	klein schneiden
1 1/2 Pfd. Sauerkraut	darauf andünsten.
Paprikapulver edelsüß	nach Belieben zugeben
1 große Kartoffel	gerieben dazugeben. Mit
1/2 l Brühe	aufgießen.
1 Lorbeerblatt	
5 Wacholderbeeren	zugeben
Salz und Pfeffer	nach Geschmack. 50 Min. leicht kochen.
	Im Dampftopf ca. 15 Min. garen, Restwärme ausnutzen. Das fertige Gericht mit
1/2 l saurer Sahne	
evtl. 2 EL Tomatenketchup	
Salz, Pfeffer	
Paprika	nach Belieben abschmecken.

Sauerkrautgulasch

fränkisch

2 Pfd. Schweinebauch	in Würfel schneiden
1 Zwiebel	grob hacken,
1 Knoblauchzehe	durch die Presse drücken und alles in
3 EL Fett	anbraten. Mit
Salz, Pfeffer	
1 TL Kümmel	würzen und mit
etwas Wasser	seitlich angießen.
1 TL Paprikapulver	zugeben und 1/2 Std. schmoren lassen.
3 Tomaten	enthäuten und würfeln,
1 grüne Paprikaschote	von Kernen und weißer Haut befreien, in kleine Stücke schneiden und mit
1 1/2 Pfd. Sauerkraut	zum Fleisch geben und in 30-40 Min. fertig kochen.
1/4 l saure Sahne	untermischen und abschmecken

Dazu passen:
Kartoffeln aller Art oder Nudeln.

Sauerkraut mit gekochten Rippchen

4 gekochte Rippchen	im Topf mit
etwas Fett	von beiden Seiten leicht anbraten.
1 kl. Zwiebel	schneiden, dazugeben und kurz glasig werden lassen.
2 Pfd. Sauerkraut	
(aus der Dose)	gut zerpflückt darübergeben. Im Tee-Ei
6 Wacholderbeeren	
1 kl. Lorbeerblatt	mitkochen. (Auf diese Weise sind die Gewürze nach dem Kochen leichter herausnehmbar).
etwas Wasser	
1/8 l Wein aufgießen	und
etwas Majoran	dazugeben und ca. 35 Min. kochen.

Dazu passen, wie üblich, am besten Kartoffeln.

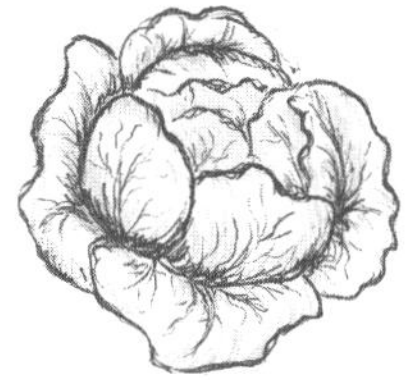

Sauerkraut-Backes

1 Packung Kloßteig	
halb und halb	nach Anweisung bereiten
2 Eier	
5 EL Emmentaler	gerieben
1 Zwiebel	gewürfelt
2 EL gek. Schinken	fein geschnitten
1/2 Pfd. Sauerkraut	gekocht und fein geschnitten (auch Reste vom Vortag) Alles mit dem Kloßteig vermengen und bei Bedarf
etwas Milch	zugeben.
Fett	in der Pfanne erhitzen.
2 EL Teigmischung	je Backes hineingeben und etwas flachstreichen. Auf beiden Seiten goldgelb backen.

Sauerkrauttorte

300 g Blätterteig	aus der Tiefkühltruhe
150 g durchw. Speck	
1 Zwiebel	beides in Würfel schneiden und andünsten.
1 Gelbe Rübe	in Scheiben geschnitten zugeben,
1 1/2 Pfd. Sauerkraut	kurz mitdünsten, mit
1/4 l Weißwein	aufgießen und mit
Salz, Pfeffer	
1 TL Kümmel	
etwas Majoran	würzen. Ca. 1/2 Std. garen.
2 Eier	in
1 Tasse saure Sahne	verrühren und untermengen.
	2/3 des Teiges ausrollen und eine angefeuchtete Form damit auslegen, Teigrand etwas hochziehen.
1/2 Pfd. Hausmacher	
2 Scheiben Kassler	in Streifen schneiden, auf den Teig verteilen, mit der Krautmasse bedecken. Aus restlichem Teig Streifen schneiden und als Gitter auflegen. Mit
Eigelb	bestreichen und im vorgeheizten Ofen bei 220°C ca. 35 Min. backen.

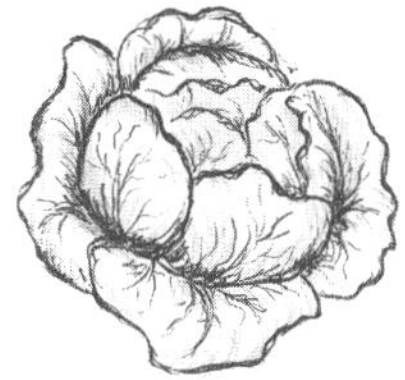

Aufläufe mit Kraut sind Hauptgerichte

Sie lassen sich sehr preiswert und gut, aber auch kulinarisch anspruchsvoll-zusammenstellen.

Unsere Rezepte sollen auch ein Anreiz sein, eigene Kreationen zu erproben. Wichtig ist dabei nur, daß alle Zutaten die gleiche Garzeit haben.

Aufläufe eigen sich auch gut zur Resteverwertung, z. B. für Bratenreste, Reste von Suppenfleisch und vielem mehr, der Phantasie der Hausfrau sind keine Grenzen gesetzt. Zu beachten ist, daß nur hitzebeständige Töpfe in die Röhre gehören. Gebacken werden Aufläufe auf der unteren Schiene des Backofens. Ein großer Vorteil: Aufläufe lassen sich gut vorbereiten und können dann zur gewünschten Zeit überbacken werden.

Der Elektroherd sollte gut 10 Minuten vor
Beendigung der Backzeit ausgeschaltet werden,
um die Restwärme voll auszunutzen.

Dies spart Energie.

Einfacher Krautauflauf

Altes Rezept für die sparsame Küche

1 1/2 Pfd. Kartoffeln	schälen, vierteln und in Salzwasser kochen, heiß durch die Kartoffelpresse in eine Schüssel drücken.
knapp 1/4 l Milch	zum Kochen bringen, in die Kartoffeln einrühren.
2 EL Butter	zufügen.
1 EL Fett	in einem Topf zerlassen,
1 Zwiebel	fein geschnitten, darin andünsten.
1/2 Pfd. Sauerkraut	
1 Prise Majoran	
1/2 TL Kümmel	
etwas Zucker	zugeben, mit
etwas Wasser	und, wenn vorhanden, etwas Wein aufgießen und kurz kochen. In eine gefettete Auflaufform 1 Schicht Kraut, darauf 1 Schicht Kartoffelbrei, u.s.w. einfüllen. Die oberste Schicht sollte Kartoffelbrei sein.
Semmelbrösel	darüberstreuen und mit
Butterflöckchen	belegen.
	1/2 Std. im Ofen backen.

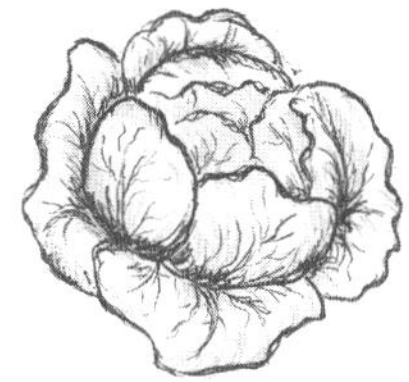

Sauerkrautauflauf

mit Tomaten

2 gr. Zwiebel	in Ringe schneiden und in
30 g Fett	andünsten und abwechselnd mit
1 1/2 Pfd. Tomaten	in Scheiben geschnitten und
1 1/2 Pfd. Sauerkraut	in eine gefettete und mit Semmelbrösel ausgestreute Auflaufform schichten.
2 EL Mehl	
2 Eier	
etwas Salz	
etwas Paprika	verquirlen und darübergießen. Den Auflauf nach Belieben mit
geriebenem Käse	bestreuen.
Butterflöckchen	aufsetzen und auf der mittleren Schiene im vorgeheizten Backofen bei 200°C ca. 20 Min. backen, bis der Käse eine goldgelbe Farbe hat.

Sauerkraut-Gemüse-Auflauf

2 Gelbe Rüben	
1 mittelgr. Sellerieknolle	
2 Stangen Lauch	alles klein schneiden und mit
350 g Sauerkraut	gut vermischen und in
50 g Schmalz	andünsten.
300 g Kassler gekocht	
150 g geräuch. Bauch	würfeln und untermischen. In eine mit
Fett	ausgestrichene Auflaufform füllen.
	Eine Mischung aus
1 Ei	
200 ml Sauerrahm	
Salz, Pfeffer	
etwas Paprikapulver	nach Geschmack mit
1/8 l Weißwein	herstellen und über die Auflaufmasse gießen. Mit
150 g geriebenem Käse	betreuen und bei
	175°C ca. 1/2 Std. backen.

Als Beilage schmecken bestens Petersilienkartoffeln und Salate der Saison.

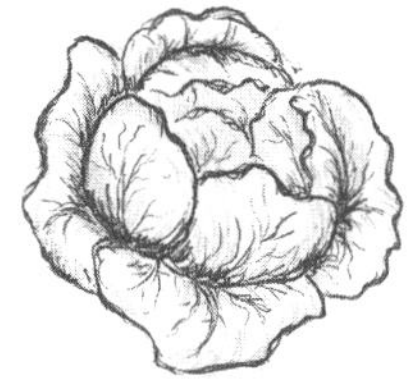

Sauerkrautauflauf "Delikat"

150 g geräuchertes Bündle	
200 g gekochtes Kassler	(ohne Knochen) beides in Würfel schneiden und in der Pfanne mit
1 EL Fett	kurz andünsten.
1 Zwiebel	kleinschneiden, kurz mitdünsten und alles erkalten lassen.
100 g gerieb. Gouda	unterrühren.
1 Pfd. gek. Kartoffel	schälen und in Scheiben schneiden. Eine große Auflaufform mit
Butter oder Schw.fett	gut ausstreichen.
600 g Sauerkraut	abtropfen lassen, auflockern und abwechselnd mit je 1 Lage Kartoffelscheiben und Fleischmischung einschichten. Die oberste Schicht ist Sauerkraut.
3 Eier	
1/4 l Milch	
1/8 l saure Sahne	
etwas gehackte Petersilie	
etwas Schnittlauch	
etwas Majoran	je nach Geschmack, alles gut verrühren und über den Auflauf gießen.
2 EL Semmelbrösel,	
3 EL Parmesankäse	vermischen und darüberstreuen.
100 g Butter	in Flöckchen darauf verteilen. Bei 200°C im vorgeheizten Ofen ca. 35 Min. überbacken.

Sauerkrautauflauf

mit Rosinen

1 Pfd. Sauerkraut	
1 Pfd. Kartoffeln	kochen, schälen, auskühlen lassen und in Scheiben schneiden.
1/2 Pfd. Rohwurst	
100 g Emmentaler	
1 großer Apfel	würfeln und mischen. In eine mit
Fett	ausgestrichene Auflaufform abwechselnd Kartoffelscheiben, Sauerkraut, gewürfelte Mischung usw. schichten.
4 EL Rosinen	dazwischen streuen. Die oberste Schicht soll Sauerkraut sein.
1 mittelgr. Zwiebel	schälen und in eine Schüssel reiben. Mit
4 Eier	
1/2 l Milch	
etwas Salz	
Pfeffer u. Muskatnuß	mischen und über den Auflauf geben.
60 g Butter	in Flöckchen darauf verteilen. Im vorgeheizten Ofen bei 200°C ca. 1/2 Std. backen.
3 Tomaten	in Scheiben schneiden, 15 Min. vor Backzeitende auf den Auflauf legen.
	Den fertigen Auflauf mit feingeschnittenem
Schnittlauch	bestreuen.

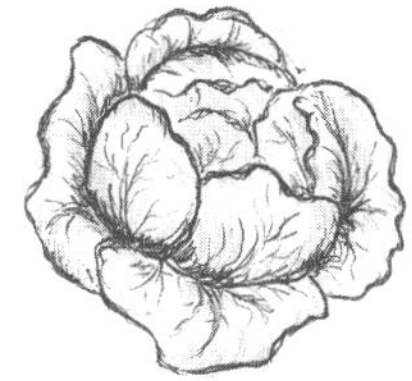

Sauerkrautauflauf

mit Hackfleisch

1 Pfd. Hackfleisch	
2 Zwiebel	grob geschnitten, in
2 EL Öl	leicht anbraten.
1 rote Paprika	
1 grüne Paprika	von Kernen und weißer Haut befreien, in Würfel schneiden, zugeben und kurz mitdünsten.
850 g Sauerkraut	und die Hackfleischmischung abwechselnd, schichtweise in eine ausgefettete Auflaufform geben.
200 g Sahne	nach Geschmack mit
Salz, Pfeffer,	
Paprikapulver	mischen und über den Auflauf geben. Bei 175°C ca. 1/2 Stunde im vorgeheizten Ofen backen.
	Als unterste Schicht können z.B. Kartoffelscheiben oder auch dünne Brotscheiben genommen werden.

Salate aus unserem heimischen Kraut sind im Sommer wie im Winter für unseren Speiseplan eine der gesündesten und preisgünstigsten Bereicherungen.

Krautsalate können wir aus Weißkraut, Blaukraut, roh oder gekocht oder aus Sauerkraut zubereiten. Wegen ihrer wertvollen Vitamine und Nährsalze sollte man sie so oft wie möglich auf den Tisch bringen.

Bei gekochten Salaten ist darauf zu achten, daß das Kraut so kurz wie möglich erhitzt wird. Es muß noch knackig sein, sonst verliert es seine Wertstoffe und sieht auch nicht mehr appetitlich aus. Das Kochwasser soll so gering wie möglich bemessen werden. Wir schütten es auch nicht weg, sondern verwenden es gleich zur Bereitung der Soßen und Marinaden. Auf diese Weise kommt uns der ganze gesundheitliche Wert des Krautes zugute.

Der Wohlgeschmack unserer Salate wird durch Beigabe der verschiedensten Kräuter, Salze, Öle, Essigsorten, Früchte, gegebenenfalls auch Speck und Wurst vielseitig variiert.

Der Phantasie sind keine Grenzen gesetzt.

Denken Sie daran, Salate können auch heilend eingesetzt werden, z. B. bei schlechter Verdauung oder zur Reinigung unseres Darmtraktes.

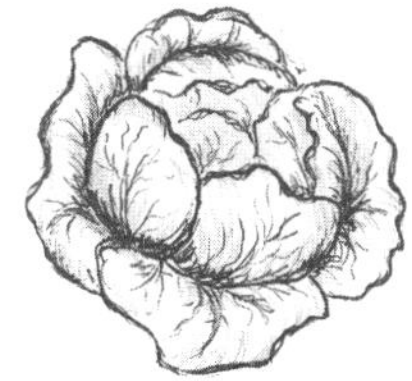

Roher Krautsalat

Grundrezept

1 kl. Krautskopf	fein hobeln, mit etwas Salz bestreuen und leicht stampfen.
1 Zwiebel	fein würfeln und zum Kraut geben. Nach Geschmack mit
Pfeffer und Zucker	würzen.
Essig, Kümmel und Öl	darübergeben, gut mischen und ziehen lassen.

Krautsalat mit Sellerie

Grundrezept wie oben	zusätzlich
1 Sellerieknolle	gut säubern und in Stifte hobeln.
1 großen Apfel	wenn ungespritzt, mit der Schale raspeln und mit durchziehen lassen. Salat kann mit Sahne verfeinert werden.

Weißkrautsalat

mit Speck

1 Krautskopf ca. 1 kg	hobeln und mit kochendem Wasser überbrühen, abgießen und erkalten lassen.
100 g Speck	ganz klein geschnitten in einer Pfanne knusprig anbraten, mit
2 EL Weißweinessig und etwas Wasser	ablöschen. Diese Marinade über das Kraut gießen.
1 große Zwiebel und 1 Koblauchzehe	fein hacken und unter das Kraut mischen. Den Salat mit
Salz u. Kümmel	würzen.
2 EL Öl	darüberträufeln und noch einmal alles gut mischen und abschmecken.

2 Stunden ziehen lassen.

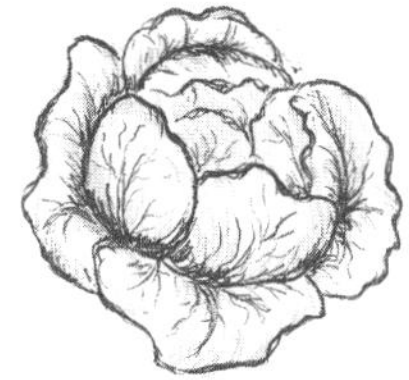

Weißkrautsalat mit Peperoni

1 kl. Weißkrautkopf	putzen, fein hobeln. Mit
Salz	bestreuen und zugedeckt 1/2 Stunde ziehen lassen, gezogene Flüssigkeit abgießen, Kraut ausdrücken
1 Zwiebel	fein gehackt
200 g durchw. Speck	auslassen und erkalten lassen.
1/2 TL Kümmel	
4 eingel. Peperoni	sehr fein hacken
4 EL Essig	
5 EL Öl	mit allem gut vermischen, 1 Std. ziehen lassen. Kurz vor dem Servieren die Speckwürfel zugeben.

Weißkrautsalat mit Weintrauben

ca. 375 g Weißkraut	sehr fein hobeln, mit
etwas Salz	bestreuen und mit kochendem Wasser übergießen, kurz durchziehen, abgießen und abtropfen lassen.
1/2 Pfd. Weintrauben	vierteln, Kerne entfernen.
Für die Marinade:	
1 Ei, 1 TL Senf	
etwas Salz u. Zucker	
1 EL Zitronensaft	
1/8 l Öl	
125 g Magerquark	zur Marinade verarbeiten.
50 g geraspelte Haselnüsse	zugeben und mit dem Kohl und den Trauben gut vermengen. Mind. 1/2 Std. durchziehen lassen.

Rosas' roher Krautsalat

1 Kopf Weißkraut	putzen, vierteln, Strunk entfernen und fein hobeln.
1 Zwiebel	fein schneiden und auf das gehobelte Kraut geben.
Salz, Pfeffer	
Essig, Zucker	darübergeben und gut mischen.
etwas kaltes Wasser	darübergießen und stampfen, je nach Krauthärte 2-3 Std. ziehen lassen.
3-5 EL Öl	je nach Krautmenge, darübergießen und nochmal gut durchmischen.

Läßt sich gut 1-2 Tage verwerten.

Gekochter Krautsalat

schnell zubereitet

1 kl. Weißkrautkopf	in wenig kochendes Salzwasser einhobeln und bißfest kochen.
1 Zwiebel	würfeln
2 EL Essig	
2 EL Salatöl	
Zucker u. Pfeffer	zugeben und alles gut mischen und abschmecken.

Schmeckt warm besonders gut zu Blut- und Leberwurst oder auch Fleischwurst. Erkaltet ist er zu allen Bratengerichten sehr geeignet.

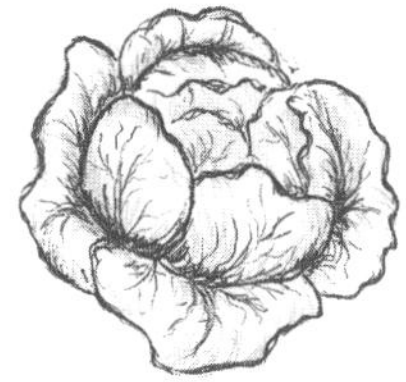

Party-Krautsalat

1 kl. Weißkrautkopf	hobeln, etwas kleinschneiden, kurz in Salzwasser aufkochen, abgießen und kalt überbrausen.
1 kl. Dose Ananas	in Stücke, wenn nötig noch zerkleinern
3 EL Sonnenblumenkerne	
3 EL Kürbiskerne	zerkleinern
3 EL Haselnußblättchen	ohne Fett hellbraun rösten, mit
3 EL Rosinen	und den Ananasstückchen unter das Kraut mischen.
1 kl. Glas Salatmayonnaise	
1 EL Curry	
2 EL Tomatenketchup	
1 Becher saure Sahne	mit etwas Ananassaft verrühren, mit
Muskat u. Pfeffer	abschmecken und zugeben. Mind. 30 Min. ziehen lassen.

Dieser Salat kann beliebig ergänzt werden, z.B. mit halbierten Trauben, Maiskörnern, Birnenstückchen, versch. Keimlingen, usw.

Krautsalat

mit Orangen

1 kl. Krautskopf	harte Blätter entfernen, Strunk herausschneiden und fein hobeln. In eine große Schüssel geben und vorsichtig stampfen.
2 Äpfel	Kernhaus entfernen, wenn gespritzt schälen, in kleine Streifen hobeln oder klein schneiden. Zu dem Kraut geben. Den Saft von
1 Orange	mit
1 EL Zucker,	
1/2 Tasse Creme fraiche	
oder Mayonnaise	verrühren und über Kraut und Äpfel geben, alles gut mischen.

Vor dem Servieren
ca. 1/2 Std. ziehen lassen
und kühl stellen.

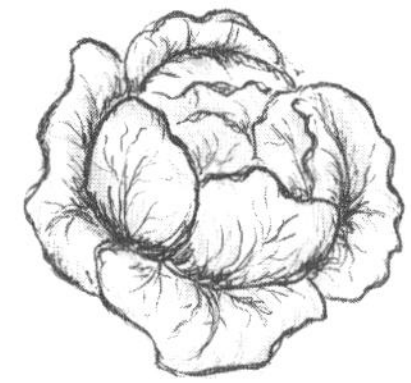

Bunter Salatteller

Weißkraut und Blaukraut

1 kl. junger Weißkrautkopf	
1 kl. junger Blaukrautkopf	in feine, 2 cm lange Streifen schneiden
150 g grüne Bohnen	bißfest dünsten, in kleine Stücke schneiden
3 Tomaten	achteln
1 Salatgurke	in kleine Würfel schneiden
3 Gelbe Rüben	
1 zarter Rettich	
1 Kohlrabi	in Stifte raspeln.
1/2 grüne Paprika	Kerne und Haut entfernen, in kleine Würfel schneiden.
1 Stange Lauch	Das Helle davon in Ringe schneiden, wenn zu groß, diese halbieren. Alles vermischen und auf einem großen Glasteller oder Schale anrichten. Mit
Radieschen u. Petersilie	dekorieren.
Eine Marinade aus:	
6 EL Öl, 3 EL Essig	
1 Prise Salz, etw. Pfeffer	
150 g Joghurt	mischen und abschmecken. Frische Kräuter, wie z. B.
Schnittlauch, Petersilie	
Dill, Bohnenkraut	nach Geschmack zugeben. Die Marinade entweder über den Salat gießen oder separat im Kännchen servieren. So kann sich jeder nach Belieben selbst bedienen. Dazu Butterbrezen oder Vollkornsemmeln.

Bunter Krautsalat

1 Kopf Weißkraut	Die äußeren, harten Blätter entfernen (können für eine Krautsuppe verwendet werden). Strunk entfernen, Kraut fein hobeln und leicht klopfen, bzw. stampfen.
1 gelbe Paprika 1 rote Paprika 1 grüne Paprika	Haut und Kerne entfernen, würfeln,
3 Gelbe Rüben	grob raspeln,
3 Scheiben Ananas	klein geschnitten,
2 EL Öl 1/2 TL gem. Kümmel 1/2 TL Salz 2 EL Essig	Alles zum Kraut geben und gut mischen. 40 Min. ziehen lassen und reichlich mit frischen Kräutern dekoriert, servieren

Dieser Salat kann gut variiert werden, wenn man z.B. statt Ananas Äpfel oder Birnen nimmt, oder Lauch, Sellerie und geraspelte Kohlrabi dazugibt.

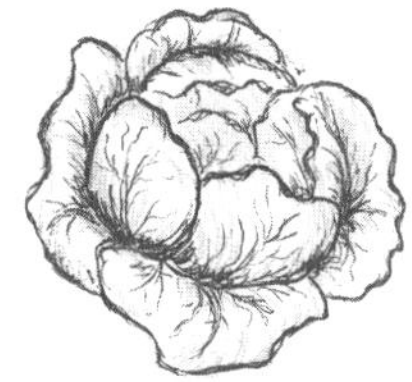

Krautsalat mit Maiskörnern

1 Pfd. Weißkraut	sehr fein hobeln, überbrühen, abtropfen lassen.
1 kl. Dose Maiskörner	zugeben,
1/2 Staude Bleichsellerie	putzen, in dünne Scheiben schneiden,
2 Äpfel	in Stifte raspeln und alles mit
Saft 1/2 Zitrone	beträufeln.
Marinade:	
2 Eigelbe	
etwas Salz	
1 TL Apfelessig	
1 EL Senf	
4 EL Öl	
2 EL Schlagsahne	verrühren. Die Marinade über die vorbereiteten Zutaten gießen und alles gut vermengen. Den Salat vor dem Servieren gut 1/2 Std. ziehen lassen.

Sauerkrautsalate

sind nicht nur sehr gesund, sondern passen auch fast zu jedem Fleischgericht. Sie lassen sich gut variieren, der Phantasie sind keine Grenzen gesetzt. Die Mengen richten sich nach der Anzahl der Gäste. Für 4 Personen geht man in der Regel von 1 Pfund Sauerkraut aus. Sauerkraut vom Faß ist dem aus der Dose vorzuziehen.

Einfacher Sauerkrautsalat

1 Pfd. rohes Sauerkraut	locker zupfen und klein schneiden.
1 gr. Apfel	waschen und Kernhaus entfernen, klein schneiden. Wenn nicht gespritzt, sollte er mit der Schale verwendet werden.
1 mittelgr. Zwiebel	ebenfalls klein schneiden, in eine Schüssel geben und mit
etwas Meerrettich	aus dem Glas,
1 TL Honig	
etwas Öl und Essig	gut vermengen.

Vor dem Servieren ca. 1/2 Std. ziehen lassen.

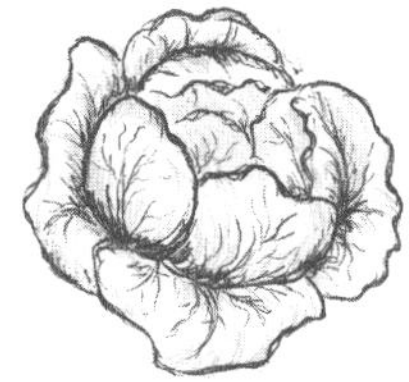

Sauerkraut-Wurstsalat

1 Pfd. Sauerkraut	locker in eine Schüssel geben.
200 g Fleischwurst	
oder Hausmacher	und
200 g Emmentaler	in Würfel schneiden,
150 g Weintrauben	halbieren und entkernen oder
1 Essiggurke	würfeln.
Essig und Öl	nach Belieben und Geschmack zugeben.
	Alles gut mischen und etwas ziehen lassen.
	Vor dem Servieren
1 Zwiebel	ganz fein geschnitten, zugeben.

Sauerkrautsalat

mit Gewürzgurke

Marinade aus:	
Saft von 2 Zitronen	
1 EL Öl	
2 Zwiebeln	fein geschnitten,
20 g Zucker	
etwas Pfeffer	zubereiten.
1 Pfd. Sauerkraut	klein schneiden und mit
2 Äpfeln	grob geraspelt und
1 gr. Gewürzgurke	gewürfelt zur Marinade geben.
2 EL Creme fraiche	vorsichtig unter den Salat mischen, abschmecken und alles gut 1 Std. durchziehen lassen.

Sauerkrautsalat mit Preiselbeeren

1 Pfd. Sauerkraut	kleinschneiden, in eine Schüssel geben.
etwas. Kümmelpulver	zugeben,
1 Zwiebel	
1 großen Apfel	
1 Gewürzgurke	kleinschneiden, unter das Kraut mischen.
Salz, Pfeffer	
Basilikum	nach Geschmack zugeben.
4 EL Öl	
2 TL Sojasoße	
2 EL Wasser	mischen und zum Salat geben, unterheben, zugedeckt 1/2 Std. ziehen lassen. In einer flachen Schale servieren. In der Mitte mit
Sojasprossen	und am Rand mit
Preiselbeeren	dekorieren.

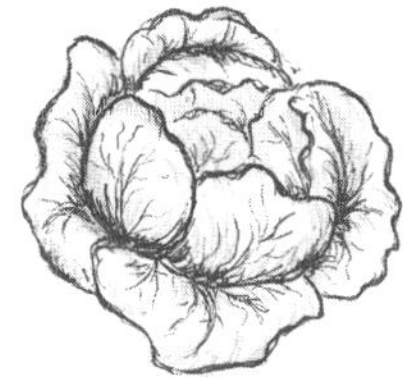

Sauerkrautsalat

mit Roten Rüben

200 g Sauerkraut	mit einer Gabel gut lockern und in eine nicht zu kleine Schüssel geben.
1 gr. Apfel	schälen, Kernhaus entfernen, klein raspeln,
1 Knoblauchzehe	durch die Presse drücken,
1 mittelgr. Zwiebel	fein schneiden,
200 g rohe, Rote Rüben	in Streifen raspeln oder in kleine Stücke schneiden. Alles zum Kraut geben und gut mischen.
3-4 EL Öl	und nach Belieben
Essig od. Zitronensaft	zugeben und nochmal gut mischen. Mit
Salz und Pfeffer	abschmecken und gut 1/2 Std. ziehen lassen.

Sauerkrautsalat mit Knoblauch

1 Pfd. Sauerkraut	klein schneiden
2 Äpfel	putzen und würfeln
1 Gelbe Rübe	säubern und grob raspeln
Marinade:	
1 Zwiebel	klein schneiden
1 Knoblauchzwiebel	durch die Presse drücken oder ganz fein schneiden
3 EL Sonnenblumenöl	
1 TL Meerrettich	
2 EL Sahne	Alles gut vermengen und mit
Kräutersalz u. Honig	abschmecken.

Fruchtiger Sauerkrautsalat

1 Pfd. Sauerkraut	mit der Gabel locker zupfen und klein schneiden.
2 Äpfel	in kleine Scheiben schneiden und sofort mit dem
Saft 1/2 Zitrone	beträufeln, damit die Äpfel sich nicht verfärben.
6 halbe Walnußkerne	fein hacken,
1 Zwiebel	fein schneiden und alles (außer Apfelscheiben) mit
2-3 EL Sonnenblumenöl	vermengen. Mit
etwas Salz und Pfeffer	abschmecken. Mit den Apfelscheiben und den restlichen
6 halben Walnußkernen	dekorieren.

Diesem Salat können beliebig Früchte, wie Trauben, kleingeschnittene Zwetschgen, Pfirsichstückchen, Birnen, usw. beigemischt werden. Er kann mit Sahne oder Joghurt verändert werden. Probieren Sie´s aus.

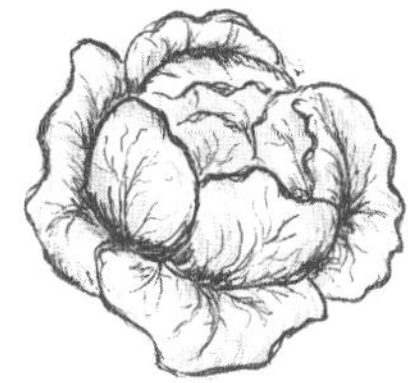

Weißkrautsuppe

mit Fleisch

1 Pfd. Weißkraut	hobeln und die Streifen in ca. 1 cm lange Stücke schneiden.
1/2 Pfd. Schweinefleisch	wahlweise Rindfleisch, klein würfeln
1 Zwiebel	fein schneiden. Alles in
40 g Fett	andünsten.
1 - 1 1/2 l Wasser	zugießen und kochen bis das Fleisch weich ist. Will man die Suppe gebunden haben, etwas Mehl in Wasser anrühren und zur Suppe geben. Mit
Salz und Brühwürfel	würzen, abschmecken und mit frischer
Petersilie	überstreuen.

Schnelle Sauerkrautsuppe

mit Wurst

50 g Fett	im Topf zerlassen. Darin
1 Zwiebel	gewürfelt, glasig dünsten. Mit
50 g Mehl	anschwitzen.
1 1/2 Pfd. Sauerkraut	zugeben und mit
1 1/2 l Brühe	aufgießen und bei niedriger Hitze ca. 20 Minuten kochen lassen. Die Suppe mit Ei legieren und mit
1 EL Kümmel (oder 1 Tr. Kümmelöl)	
Paprika u. Salz	abschmecken.

Nach Belieben Knacker, Wienerle, Hausmacher oder Fleischwurst in der Suppe erhitzen.

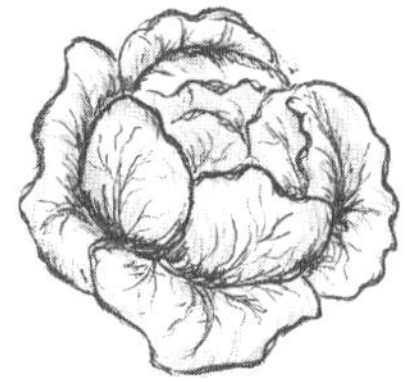

Gehaltvolle Krautsuppe

mit Rindfleisch

1 Pfd. Rindfleisch	
200 g durchw. Speck	in
1 l Wasser	leicht gesalzen gut 1 Stunde garen, herausnehmen und warmstellen. In der Zwischenzeit
3/4 Pfd. Gelbe Rüben	
3/4 Pfd. Lauch	
1/2 Weißkrautkopf	
1/2 Pfd. Kartoffeln	putzen und würfeln.
1 Knoblauchzehe	fein schneiden und hinzugeben. Mit
Lorbeerpulver	verfeinern.
1 Schuß Weinessig	zugeben. Bei niedriger Hitze 1/2 Std. garen. Suppe kräftig säuerlich mit
Zitronensaft,	
Salz, Pfeffer	
und Kümmel	abschmecken. Das gekochte Rindfleisch, den Speck und
150 g gek. Schinken	klein würfeln und in die Suppentassen verteilen. Sofort mit der heißen Suppe übergießen und mit gehackter Petersilie überstreuen. Ein Kännchen
saure Sahne	dazu servieren, so daß sich jeder Gast selbst damit bedienen kann.

Es können auch geröstete Weißbrotwürfel dazu angeboten werden.

Weißkrautsuppe

mit Geflügel- oder Bratenresten

ca. 1 Pfd. Bratenreste	
oder Reste vom Geflügel	in kleine, möglichst gleichmäßige Stücke schneiden. In
30 g Fett	mit
1 Zwiebel	kleingeschnitten, im Topf anbraten. Mit etwas
Majoran, Salz, Pfeffer,	
Paprika- u. Lorbeerpulver	nach Geschmack würzen.
1 Pfd. Weißkraut	klein schneiden oder hobeln.
1 EL Zitronensaft	oder
1 Schuß Weißwein	dazugeben, mit
1 1/2 l Brühe	aufgießen und ca. 30 Min. leicht köcheln lassen. Zum Schluß mit
150 g saurer Sahne	verfeinern. Mit frischen Küchenkräutern bestreut servieren.

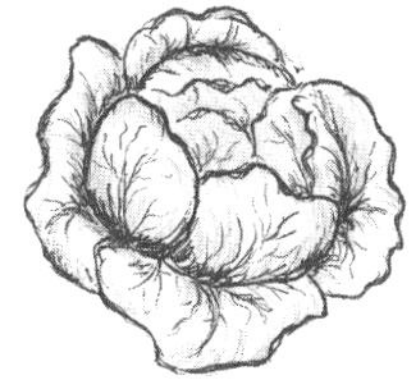

Fränkische Krautsuppe

mit Speck

6 gr. Krautblätter	die äußeren eines Weißkrautkopfes (sie dürfen gerne etwas härter sein) in kleine Stücke schneiden
150 g Speck	diesen in kleine Würfel schneiden und im Topf gut auslassen.
1 mittelgr. Zwiebel	würfeln und zusammen mit den Krautstücken zugeben und kurz mitdünsten. Mit
1 1/2 l Wasser	und
1 Schuß Essig	aufgießen. Mit
Salz, Pfeffer,	
1/2 EL Majoran	oder
Bohnenkraut	abschmecken.
	Alles ca. 1/2 Stunde kochen lassen. Zur Verfeinerung
2 EL Rahm	zugeben.

Anstelle von Rahm kann auch 1 Ei legiert oder nach der halben Kochzeit eine rohe Kartoffel eingerieben werden.

Sauerkraut Bohnensuppe

für mehrere Gäste

2 gr. Zwiebel	würfeln,
1 Stange Lauch	in Ringe schneiden. Im Topf
2 EL Schweineschmalz	erhitzen, Zwiebel und Lauch darin leicht andünsten.
1 Dose Sauerkraut (850 g)	klein schneiden und mitdünsten.
1 TL süßes Paprikapulver	und
Kümmel	nach Geschmack zugeben. Mit
1 1/2 l Brühe	aufgießen, aufkochen lassen, nach ca. 5 Min. abschmecken und nach Bedarf nachwürzen.
1 Dose Kidney-Bohnen (425 g)	ohne Saft zur Suppe geben.
1 Ei	in reichlich Wasser verschlagen, in die Suppe rühren und alles kräftig durchkochen lassen.
4 große Knackwürste	in Scheiben schneiden und in der Suppe erhitzen.

Mit reichlich Petersilie überstreuen und servieren.

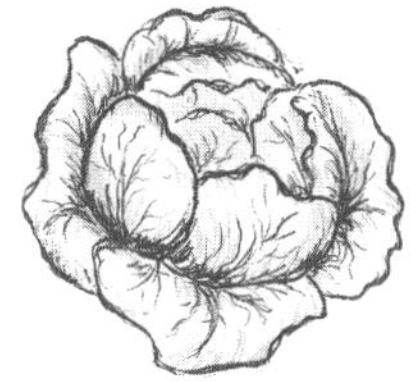

Sauerkrautsuppe

mit Knoblauch

2 gr. Zwiebel	in Würfel geschnitten, mit
50 g Speck	kleingeschnitten, im Topf andünsten.
1 Pfd. Sauerkraut	kurz mitdünsten.
2 EL Tomatenketchup	
2 Essiggurken	kleingeschnitten, mit in den Topf geben.
Etwas Kümmel,	
süßes Paprikapulver,	
Salz u. Pfeffer	zugeben und mit
1 l Wasser	aufgießen.
	20 - 25 Min. kochen lassen.
	Knoblauchcreme herstellen aus:
4 EL Creme fraiche	mit
1 Eigelb	gut verrühren,
1 Knoblauchzehe	durch die Presse gedrückt und
1/2 TL Senf	vorsichtig unterheben.

Auf jeden Teller Suppe ein Hütchen Knoblauchcreme setzen, mit frischen Kräutern, Petersilie, Schnittlauch oder Majoran überstreuen.

Dazu paßt getoastetes Weißbrot oder Laugensemmeln.

Rote Sauerkrautsuppe

mit Paprika

2 mittelgr. Zwiebeln	in Würfel schneiden
3 gr. Kartoffeln	ebenfalls klein würfeln
1 rote Paprika	halbieren, Kerne und weiße Haut entfernen, würfeln
2 große Tomaten	in heißes Wasser legen. Haut entfernen, in Stückchen schneiden
60 g Butter	im Topf erhitzen und alles darin andünsten.
375 gr. Sauerkraut	gelockert und klein geschnitten,
2 Äpfel	geschält und klein geraspelt
2 TL Rosenpaprika	
2 TL Tomatenketchup	Alles in den Topf geben und mit
1 l Brühe	aufgießen.
	30-35 Min. leicht kochen lassen, abschmecken und mit
frischen Kräutern	bestreuen.
	Geröstete Weißbrotwürfel im Schüsselchen und
150 g saure Sahne	im Kännchen dazu servieren, so daß sich jeder Gast selbst bedienen kann.

Sei mir gegrüßt, mein Sauerkraut

Der Tisch war gedeckt. Hier fand ich
die altgermanische Küche.
Sei mir gegrüßt, mein Sauerkraut,
holdselig sind deine Gerüche.
Gestovte Kastanien im grünen Kohl,
so aß ich einst bei der Mutter!

Heinrich Heine

1797 - 1856

Dank allen, die mir bei der Erstellung dieses Buches behilflich waren.

Besonders den Krautköchinnen aus dem Merkendorfer Krautland und meinen Bekannten, die mir ihre Lieblingsrezepte überlassen haben. Die Rezepte mit den Namen der Einsender zu kennzeichnen ist leider nicht möglich, da ich manche Rezepte, mit nur kleinen Abweichungen, mehrfach zur Verfügung hatte.

Für die Hilfe bei Auswahl und Durchsicht von Rezepten und Text danke ich:

Frau Christine Griffel, Hauswirtschaftliche Elektroberaterin,

Frau Martha Huber, langjährige Krautbäuerin und erfahrene Köchin,

Frau Rita Riehl, Hauswirtschaftsleiterin und Fachlehrerin für Hauswirtschaft,

Herrn Rektor i.R. A. Heckel,

Dank auch

Herrn 1. Bürgermeister Karl Huber, für die gute Zusammenarbeit.

Herrn Dr. H.H. von Wimpffen, Leiter der Redaktion Gesundheit des Bay. Fernsehens für die Überlassung von Literatur und die Erlaubnis, aus seinem großen Buch "Sauerkraut" (Verlag Orac im Verlag Kremayr u. Scheriau, Wien) einiges entnehmen zu dürfen.

Den Damen der Staatl. Beratungsstelle für Ernährung und Hauswirtschaft im Amt für Landwirtschaft und Ernährung, Ansbach, für die Übermittlung der Werte in unserem Kraut.

Herrn Bürger, Stadtarchivar, Ansbach, für die Zurverfügungstellung der Marktberichte aus der Inflationszeit.

Der Herboristerie Camille Droz, CH 2206 Les Genevey´s Coffr., für die Genehmigung, aus ihrer Schrift "Von den wunderbaren Heilwirkungen des Kohlblattes" berichten zu dürfen.

Den Kneippwerken für die Zusendung von Buchauszügen.

Der Maggi GmbH, Frankfurt für die Erlaubnis, Lied und Gedicht ihres Buches "Sei mir gegrüßt mein Sauerkraut (Süddeutscher Verlag Ludwigsburg), wiedergeben zu dürfen.

Ihnen allen nochmals vielen Dank!

Luise Kressel

Ich über mich

das ist genau das, was ich eigentlich nicht wollte, aber alle, die mir nahestehen, drängen mich dazu und meinen, das muß sein. Vorstellen kann ich mir allerdings schon, daß sich mancher, der mich nicht kennt und den Krautbrunnen oder meinen Gänsebrunnen in Mitteleschenbach sieht, fragt, wie eine Frau, die solche Dinge baut, dazu kommt, ein Krautkochbuch zu schreiben. Abwegig ist das nicht. Im Gegenteil. Meine Leidenschaft fürs Kraut verführte mich regelrecht dazu.

Die Jahre im 2. Weltkrieg habe ich noch bewußt erlebt. Ich war elf, als dieser Krieg ausbrach. In Erinnerung ist mir z.B. noch gut, wie ich einmal mit einer Tante vom nahen Bahnhof Triesdorf nach Merkendorf lief. In der Tasche hatte sie Bettwäsche zum Tauschen. Auf dem Heimweg trugen wir ziemlich schwer an ein paar Krautsköpfen. Dies war wohl meine erste Begegnung mit Merkendorf und ich lernte auf diese Weise beizeiten, was Kraut wert ist. Ein Pflichtjahr mitten im Krieg in einer Gärtnerei öffnete mir die Augen für Natur und Pflanzenwelt. Danach kaufm. Lehre in einem großen Wäschehaus, in dem ich anschließend mehrere Jahre als Schaufenster-Dekorateurin arbeitete. Danach freiberufliche Dekorateurin und, wann immer irgend möglich, Weiterbildung in Malerei und figürlichem Gestalten. Den 1. Platz in meinem Herzen und Schaffen nahm in all den Jahren jedoch immer die Familie, die Kinder ein. Alles andere ging so "nebenbei".

Seit mehr als 40 Jahren bin ich Mitglied im Berufsverband Bildender Künstler, Nürnberg. Über 30 Jahre leite ich Keramikkurse in Modellieren und Fayencemalerei an der Volkshochschule Ansbach. Meine größte Leidenschaft gehört aber dem Bronzeguß.

Mein Mann, der es sicher nicht immer leicht mit mir hatte und es trotzdem 47 Jahre mit mir "ausgehalten" hat, war und ist mir immer ein guter Berater und Kritiker. Er hat mich mit viel Liebe und Einfühlungsvermögen durch all diese Jahre geführt. Unsere drei Kinder haben dafür gesorgt, daß ich immer schön brav auf dem Teppich geblieben bin.

Übrigens - das Wichtigste, was man fürs Leben braucht, lernt man meiner Meinung nach von der Mutter. Meine Mutter war eine zwar sparsame, aber sehr gute Köchin. Diese Leidenschaft fürs Kochen, für gesundes Kochen und somit auch für´s Kraut, gab sie mir mit auf den Weg. - Und dieser Weg war bisher gut. Ich habe dafür zu danken.

Luise Kressel